영어바보

영어바보

초판 1쇄 발행_ 2017년 7월 25일
초판 5쇄 발행_ 2018년 4월 20일

지은이_ 이용재
펴낸이_ 이성수
주간_ 박상두
편집_ 황영선, 이홍우, 박현지
표지 디자인_ 여상우
본문 디자인_ 진혜리
마케팅_ 이현숙, 이경은
SNS마케팅_ 김용수
제작_ 박홍준

펴낸곳_ 올림
주소_ 03186 서울시 종로구 새문안로 92 광화문오피시아 1810호
등록_ 2000년 3월 30일 제300-2000-192호(구:제20-183호)
전화_ 02-720-3131
팩스_ 02-6499-0898
이메일_ pom4u@naver.com
홈페이지_ http://cafe.naver.com/ollimbooks

값_ 14,000원
ISBN 978-89-93027-95-2 03740

이 도서의 국립중앙도서관 출판예정도서목록(CIP)은 서지정보유통지원시스템 홈페이지
(http://seoji.nl.go.kr)와 국가자료공동목록시스템(http://www.nl.go.kr/kolisnet)에서 이
용하실 수 있습니다.(CIP제어번호 : CIP2017016725)

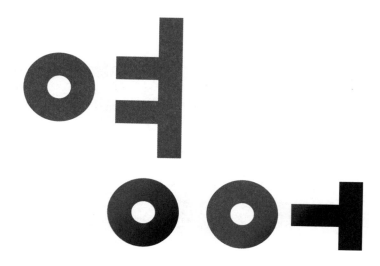

영어가 즐거워지는 나만의 방법

● 이용재 지음 ●

ENGLISH
GUMP

올림

영어 바보에서 영어바보로

영어에 관한 한 우리나라 사람들은 대부분 바보다. 세계에서 가장 우수한 두뇌를 갖고 있다는 우리 국민에게 도대체 왜 이런 어처구니없는 일이 벌어지고 있는 것일까?

우리나라 영어교육의 국가적 목표는 오로지 점수 따기이고, 내용은 국내 경쟁용이다(수능시험에는 미국 명문대 학생도 이해 못하는 문제가 출제되기도 한다). 영어교육은 대학입시를 위한 줄 세우기의 한 방편일 뿐, 글로벌 무대에서의 의사소통과는 별 상관이 없어 보인다. 그러니 엄청난 시간과 공을 들여 영어를 배우지만 영어 바보가 될 수밖에.

우리나라 사람들을 영어 바보로 만드는 원흉 가운데 하나는 토익(TOEIC)이다. 국가기관이 토익 성적을 요구하니 기업들도 따라 한다. 유엔을 비롯한 국제기구나 글로벌 기업에서 토익 성적을 인정해준다는 이야기를 들어본 적이 없다. 필자가 유엔과 국제적십자사에 진출할 때 토익 성적을 요구받은 적이 없다. 토익이 진짜 영어 실력과는 별 상관이 없다는 사실은 학생들 사이에서도 이미 공공연한 비밀 아닌가?

공공기관과 기업들이 영어 실력과 별 상관없는 시험 성적을 제출하도록 하기 때문에 학생들과 취업준비생, 직장인들은 울며 겨자먹기로 토익에 엄청난 돈과 노력과 시간을 쏟아붓고 있다. 젊은이들이 취업을 위해서 토익에 목을 매고 있는 것은 아무리 봐도 정상적인 상황이 아니다.

가장 큰 문제는 오로지 시험을 목표로 영어를 가르치고 배우다 보니 학교를 졸업하는 순간 영어와는 담을 쌓게 된다는 것이다. 전혀 동기부여가 되지 않았기 때문이다.

나도 영어 바보였다. 영어는 입시에 필요한 과목이었을 뿐, 고등학교를 졸업하고 육군사관학교에 입학하면서 자연스레 영어와는 담을 쌓고 살았다. 그런데 언제부턴가 영어 때문에 스트레스를 받게 되었다. 영어가 안 되는 탓에 내가 가야 할 해외 출장은 다른 사람의 몫이 되었고, 미국 대학원 유학생 선발에 응모했지만 물을 먹었다.

서른다섯, 오기로 영어에 도전했다. 가장 먼저 부딪힌 영어의 벽은 듣기였다. 지금도 잊고 싶은 부끄러운 기억이 있다. 장교영어반에 들어간 지 얼마 안 되어 한 강사가 내게 질문을 했는데 '피스(peace)'라는 단어가 도무지 귀에 들어오질 않았다. 내가 못 알아들으니 강사가 몇 번이나 반복해서 설명을 해주었는데도 나는 그저 눈만 멀뚱멀뚱 뜨고 있었다. 대부분 후배 장교들인 같은 반 학생들이 모두 나만 쳐다보고 있는 것 같아서 얼굴이 화끈거렸다. 강사가 칠판에 'peace'라고 써준 것을 눈으로 보고 나서야 '이런! 내가 저 말을 못 알아들었단 말인가?' 하고 가슴을 쳤다. 나의 영어 수준은 그 정도였다.

이왕 시작한 거, 한번 끝까지 해보자 하고 마음먹었다. 지금 내가 영어를 제대로 못하는 것보다는 못하면서도 노력하지 않는 것이 더 부끄러운 일이라는 생각에 영어에 집중했다. 딸바보로 살아오다가 이번에는 영어바보가 된 것이다.

영어를 할 수 있게 되자 나의 삶도 달라졌다. 미8군에서 한미훈
련조정관으로, 인도-파키스탄 분쟁 지역에서 유엔평화유지군으로
근무했고, '피스'를 못 알아들어서 얼굴을 붉혔던 육군 장교영어반
에서 교관으로 영어를 가르치기도 했다. 미국 지휘참모대학에서 교
환교수로 미군 장교들에게 강의했고, 미 공군 특전사령부의 초빙으
로 강연한 것이 호평을 받아 미국의 주요 공군기지를 순회하며 강
연했으며, 유엔본부에서 PKO(평화유지활동) 전문가로도 근무했다.
전역 후에는 한국인으로서는 최초로 국제적십자위원회에서 군사대
표로 일했다.

이 책은 내가 영어를 배우고, 가르치고, 영어로 강의하고, 유엔
등 국제무대에서 영어로 일하는 과정에서 느끼고 깨달은 것을 정리
한 것이다. 단순히 영어학습의 노하우뿐만 아니라 바쁜 일상 속에
서 시간을 만들어내고, 집중하고, 즐기면서 꾸준히 훈련할 수 있는
방법을 소개했다. 이 책과 더불어 한 달만 집중해서 노력한다면 당

신의 영어는 물론 인생에 큰 변화가 찾아오리라고 감히 장담한다.

반가운 소식이 있다. 영어는 고시공부하듯이 머리 싸매고 덤벼들어야 하는 어려운 학문이 아니다. 영화를 보든, 소설을 읽든, 각자의 취향에 맞는 방식으로 그저 즐겁게 틈나는 대로 연습(훈련)만 하면 된다.

또 한 가지 반가운 소식이 있다. 내 손 안에 스마트폰 하나만 있으면 오바마를 비롯한 세계 최고 수준의 강사들에게, 그것도 '공짜로' 영어를 배울 수 있다는 사실이다.

억지로 하는 일은 오래가지 못한다. 재미있으면 하지 말래도 한다. 아는 것은 좋아하는 것만 못하고, 좋아하는 것은 즐기는 것만 못하다고 했다. 알면 좋아하게 되고, 좋아하면 즐기게 된다. 영어도 마찬가지다. 장담하건대, 이 책에서 제시하는 대로 영어를 익히다 보면 당신도 영어를 좋아하고 즐기는 영어바보가 될 수 있다.

그동안 나에게 배움의 기회를 주고 나를 성장시켜준 사랑하는 우리나라 대한민국에 감사한다. 한 사람의 군인이자 군인의 아내로서 늘 꿋꿋하게 가족을 지켜준 나의 친구이자 아내인 임혜영에게 감사한다. 군인 부모를 둔 탓에 수없이 전학을 다니면서도 잘 견뎌주고 성장해준 아들 정연과 딸 서연에게도 감사하는 마음이다. 이 책이 나오기까지 온갖 정성을 기울여준 올림의 이성수 대표, 박상두 주간, 고희민 씨에게도 깊이 감사드린다.

이용재

목차

01

삶이 바뀌어야 영어가 바뀐다!
인생의 승자가 되는 법

02

답은 내 안에 있다
영어가 늘지 않았던 이유 & 늘 수밖에 없는 방법

유용한 정보

내게 맞는 방법으로 영어를 즐기자

세상에 똑같은 사람은 없다. 사람마다 생김새가 다르듯이 취향이나 관심 분야가 다 다르다. 그런데 학교에서는 똑같은 교재, 똑같은 방식으로 영어를 가르친다. 개인의 취향이나 관심은 전혀 고려 대상이 아니다. 학교 교육의 목표는 오로지 시험이다. 사정이 이렇다 보니 학교를 졸업하는 순간 우리는 자연스레 영어와 담을 쌓게 된다.

그런데 영어는 우리를 끈질기게 따라다닌다. 일상생활은 물론 입시, 취업, 승진 등 우리 인생의 중요한 순간에 불쑥 나타나서 걸림돌이 되기도 한다.

세상이 변했다. 내가 좋아하는 방식으로, 내가 관심 있는 분야를 얼마든지 '영어로' 배우고 즐길 수 있다. 영어 바보가 되어 영어를 즐기다 보면 영어는 당신의 인생에 디딤돌이 되어줄 것이다.

- 1 -

삶이 바뀌어야
영어가 바뀐다!

인생의 승자가 되는 법

어떤 사람이 성공할까

성공의 단순한 비밀

'당신이 지금 하고 있지는 않지만 만일 규칙적으로 행할 경우 자신의 삶에 좋은 결과를 가져다줄 수 있는 것이 한 가지 있다면 그것은 무엇인가?'

자기계발서의 고전 가운데 하나인 스티븐 코비의 〈성공하는 사람들의 7가지 습관〉에 나오는 질문이다. 스스로 한번 대답해보라.

스티븐 코비는 세상의 모든 일을 4가지로 나눈다.

1 급하면서 중요한 일

2 급하지 않지만 중요한 일

3 급하지만 중요하지 않은 일

4 급하지도 않고 중요하지도 않은 일

내 나름대로 정리하면 이렇다. 급하면서 중요한 일은 누구나 한다. 예를 들어 집에 불이 났다면 누구나 급히 끌 것이다. 불은 당연히 꺼야 하지만 끈다고 해서 그 후에 별로 달라질 것은 없다. 급하지만 중요하지 않은 일은 전화 받기, 회의 참석 등 당장 하지 않아도 별 문제 없는 일이다. 급하지도 않고 중요하지도 않은(심지어는 해로운) 일에는 뭐가 있을까? 게임, 습관적 음주, 도박, 수다 떨기, 특별한 의미 없는 모임 참석 등을 예로 들 수 있을 것이다. 급하지도 않고 중요하지도 않지만 많은 사람들이 열심히 하는 일이다. 게임이나 음주, 도박 같은 데 빠지면 자칫 폐인이 될 가능성이 높다. 그런데 안타깝게도 너무 많은 사람들이 여기에 빠져 있다.

급하지 않지만 중요한 일을 '꾸준히' 하는 사람이 성공할 확률이 높다. 급하지 않지만 중요한 일이란 무엇일까? 건강을 위한 다이어트, 체력 단련을 위한 운동, 외국어 공부, 인간관계 맺기 등을 들 수 있을 것이다. 이들의 공통점은 무엇일까? 중요하지만 당장 급하지 않으니 자꾸 뒤로 미루거나 건너뛰기 쉬운 일들이다.

자, 그렇다면 앞에서 했던 질문을 한번 살짝 바꿔보자.

'내가 지금 하고 있지만 끊거나 줄일 경우 내 삶에 좋은 결과를 가져다줄 수 있는 것이 한 가지 있다면 그것은 무엇인가?'

당신은 온라인게임을 즐기는가? 당신은 스스로의 판단으로 게임을 즐긴다고 생각하는가? '혹시 내가 게임회사의 의도대로 움직이는 노예가 된 것은 아닐까' 하는 생각을 해본 적은 없는가?(게임회사에는 심리학자도 포진해 있다.) 게임, 습관적 음주, 별 의미 없는 만남이나 모임 등 당신의 인생에 마이너스가 되는 것이라면 그것을 끊거나 획기적으로 줄여서 남는 시간과 에너지를 플러스가 되는 일, 예를 들면 영어학습에 투자한다면 어떨까? 1년 후, 10년 후에 어떤 일이 벌어질까?

영어학습서인 줄 알았는데 웬 성공 이야기냐고? 당신의 삶이 바뀌지 않고서는 당신의 영어도 결코 달라지지 않기 때문이다.

자, 어떻게 바꿀 것인가.

머리보다 몸이다

/

간과해서는 안 될 건강의 중요성

'인생은 체력전'이라는 말을 육군사관학교에서 교육받을 때 처음 들었다. '아니, 요즘 같은 첨단 시대에 몸으로 살라는 말인가?'라는 생각에 선뜻 받아들이기가 어려웠다. 그러나 시간이 지나면 지날수록 정말 옳은 말이라는 생각이 든다.

세계를 무대로 일하다 보면 흔히 부딪히는 문제가 시차 적응이다. 게다가 긴급 상황이 발생하면 언제 어디든 즉각 날아가 시차에 적응할 틈도 없이 바로 업무를 시작해야 한다. 심한 경우, 며칠 동안 꼬박 밤을 새워 일해야 한다. 끼니를 거르거나 입에 맞지 않는 낯선 음식으로 고생할 때도 많다. 상상을 초월하는 더위나 혹한 속에서 일해야 하는 경우도 종종 있다. 강인한 체력 없이는 일은 고사하고 생존조차 어렵다.

내가 유엔·파키스탄 유엔정전감시단(UNMOGIP)의 옵서버로 근무했던 카슈미르의 스카르두(Skardu)라는 곳에 유엔 감시초소가 있었다. 스카르두는 흔히 '세계의 지붕'이라 불리는 히말라야의 기점으로 해발 2,500미터가 넘는 고지대라 공기가 희박해서 걷기도 힘든 곳이다. 평소에 체력을 닦아두지 않으면 임무 수행이 불가능하다.

미군들과 생활해보니 그들은 체력 유지에 신경을 많이 쓴다. 언제 전장에 파견될지 모르니 평상시에 몸을 만들어두는 것이다. 거의 모든 장병이 매일 한 시간 이상 운동을 한다. 체력이 강해야 극한의 상황에서도 활동력과 판단력을 유지할 수 있기 때문이다.

젊은이일수록 건강과 체력은 당연한 것으로 생각하고 소홀하기 쉬운데 그래서는 안 된다. 체력은 어느 날 갑자기 나빠지지도 좋아지지도 않는다. 때로는 그것이 어느 순간에 우리의 운명을 결정하기도 한다.

나는 술을 먹고 늦게 잔 다음 날에도 일찍 일어나 평상시와 같은 컨디션을 유지하기 위해 반신욕을 한다. 미국의 경제 대통령이라 불렸던 앨런 그린스펀 연방준비제도이사회(FRB) 의장이 매일 새벽 반신욕을 하면서 수백 쪽의 세계경제동향 보고서를 읽는다는 말을 듣고 따라 해본 것인데, 숙취도 해결하고 규칙적인 생활을 유지할 수 있어서 건강을 유지하면서 영어를 익히는 데 많은 도움을 받았다. 숙취가 심할 때는 책을 보다가 놓쳐서 욕조에 빠뜨린 적도 있었다. 책은 물에 빠지면 금방 퉁퉁 불어서 엉망이 되어버린다. 책을 빠뜨려보니 정신 못 차리고 졸다가는 욕조에 빠져 죽을 수도 있겠다는 생각이 들어 정신을 바짝 차리게 되었다. 위험을 무릅쓰고 욕조에서 영어공부를 한 것을 두고 "나는 목숨 걸고 공부했다"고 농담을 하곤 한다.

내 이야기를 듣고 '와, 독하네. 어떻게 새벽 4시 반에 일어나냐?' 하고 생각하는 독자도 많을 것이다. 사실 새벽 4시 반에 일어나는 것이 쉬운 일은 아니다. 그러나 막상 해보면 그렇게 어려운 일도 아니다.

일찍 일어나는 비결은 무엇일까? 간단하다. 일찍 자면 된다. 일찍 자는 것은 건강에도 좋은 습관이다. 성장호르몬은 밤 10시부터 2시 사이에 가장 많이 분비된다고 한다. 나는 이미 성장기가 지났으니 상관없다고? 성장호르몬은 성장기의 청소년에게만 필요한 것이 아니다. 노화방지 기능을 하기 때문이다. 따라서 청소년이든 성인이든 이 시간에는 자는 게 좋다.

성공하는 사람들은 대부분 새벽형 인간이다. 세계적인 기업의 CEO들은 물론이고 한국의 CEO들도 대부분 새벽형 인간이다. 늘 허둥지둥하고 툭하면 지각하는 사람이 직장생활이나 사업에 성공할 수 있을까?

새벽 시간이 왜 중요할까? 새벽은 저녁시간과 달리 방해받지 않는 생산적인 시간이다. 운동이든 공부든 새벽시간에는 꾸준히 할 수 있다. 야근이나 약속 같은 것이 없기 때문이다. 그래서 CEO들은 대개 아침에 운동한다(피트니스클럽 트레이너들의 말에 따르면 평균적으로 아침 회원들이 저녁 회원들보다 몸이 좋다고 한다).

밤은 휴식을 통해 하루의 피로를 해소하고 다음 날을 준비하는 시간이 되어야 한다. 그런데 우리는 충전이 아니라 방전을 하는 경우가 많다. 특히 음주로 인한 시간, 돈 그리고 체력의 낭비는 물론이고, 음주 운전으로 인한 인적·물적 피해 등은 상상을 초월할 정도다. 그런 면에서도 우리나라의 밤문화는 하루빨리 변해야 할 것이다.

건강과 체력이 없으면 아무것도 할 수 없다. 오죽하면 어느 대통령이 "머리는 빌릴 수 있지만 몸은 빌릴 수 없다"고 말했겠는가.

인생 최고의 감동

/

집중의 힘

"공부가 인생의 전부는 아니지만 학생의 전부다."

학창 시절에 누구나 몇 번쯤은 들어본 말일 것이다. 소설가 헤밍웨이는 "요즘 작가들은 떠들고 돈 버는 부수적인 활동에 너무 많은 에너지를 소모하는 나머지 진지하게 글을 쓸 시간이 거의 없다"고 지적했다. 글 쓰는 일이 본업인 작가가 다른 부수적인 일에 신경 쓰는 것을 경계한 말이다.

당신이 학생이라면 공부하고 배우는 일이 본업일 것이다. 그런데 혹시 친구들과 술 마시고, 커피숍에서 수다 떨고, 컴퓨터와 스마트폰으로 게임하고 드라마 보느라 너무 많은 에너지를 소모하고 있지는 않은가? 당신이 직장인이라면 혹시 근무시간에 주식 시세를 열심히 들여다보거나 업무와는 무관한 인터넷 서핑이나 쇼핑, 채팅 등에 시간을 낭비하고 있지는 않은가?

나는 1994년 장교영어반에 들어간 후 영어에 집중하기 위해 좋아하던 운동과 술, 심지어는 친구까지 다 뒤로 미루었다. 어떤 사람들은 운동으로 스트레스를 풀고 가벼운 마음으로 공부해야 효과가 좋아진다고 말한다. 맞는 말이지만 나는 일단 듣고 말하는 수준을 끌어올릴 때까지는 오로지 영어에만 몰입하기로 했다. 모든 시간과 에너지를 절약해서 영어에 투자했다.

학습모드에서 벗어나지 않으면서 체력을 유지하는 방법으로 등산을 선택했다. 당시 장교영어반은 남한산성 바로 밑에 있는 육군종합행정학교(현재의 위례 신도시)에 있었다. 나는 일과 후에 매일같이 남한산성을 올랐다. 그때 아이시 리피트(IC Repeat)라는 카세트를 샀는데, 당시 가격이 20만 원 정도였으니 꽤 큰 투자를 한 셈이었다. 재생속도를 조절하는 기능과 일정 구간을 반복해서 들을 수 있는 기능이 있었다. 나는 매일 그 카세트로 영어를 들으면서 산에 올랐다. 눈이 오나 비가 오나 바람이 부나 예외 없이 산에 올랐다. 그렇게 모든 것을 던지고 오로지 영어에 올인했다. 아침에 일어나서 저녁에 잠자리에 드는 순간까지 온통 영어만 생각했다. 온몸의 세포들이 영어를 빨아들여 저장하고 온몸으로 영어를 뿜어내는 상상을 하며 잠이 들곤 했다.

그렇게 집중적으로 영어에 몰입하여 6개월 동안 공부하고 나니 기본적인 소통이 가능해지고 미8군에 가서 근무할 수 있는 수준에 이른 것으로 평가받았다.

영어를 획기적으로 향상시키고 싶은가? 그렇다면 삶을 영어 중심으로 바꾸어야 한다. 아침에 일어나서 잠자리에 드는 순간까지 생활의 초점을 영어에 맞추면 눈에 보이는 것들이 모두 영어로 보인다. 당구를 배울 때 모든 것이 당구공으로 보이고 골프를 배울 때는 모든 상황에서 골프를 생각하게 되는 것과 마찬가지다. 그 정도로 영어에 몰입하는 생활이 3개월만 지속되면 영어가 변하고 삶도 변한다. 심지어 술자리에 가서도 영어로 말하고 술주정도 영어로 하고 노래방에 가서도 영어 노래를 부르게 되고 꿈도 영어로 꾸고 잠꼬대도 영어로 하게 된다. 이 정도 되면 주변 사람들이 저 사람 영어에 완전히 미쳤다는 소리를 하게 되고 그때는 차원이 다른 영어로 무장하게 된다.

'미쳐도 곱게 미쳐라'라는 말이 있다. 술이나 도박에 미치면 자신의 삶은 물론 타인의 삶까지 망가지게 할 수 있다. 그러나 영어에 미치는 것은 누구에게도 피해가 가지 않는다. 오히려 크게 득이 될 수 있는 일이다. 가장 곱게 미치는 것은 영어에 미치는 것이다.

국회의원 시절 의정 활동 1위를 휩쓸었던 소설가 김홍신이 〈대발해〉를 집필한 과정은 감동적이다. 그는 '자신과의 약속'을 지키기 위해 4년 동안 문자 그대로 '두문불출'했다. 매일 하루 12시간 이상 책상에 앉아 원고지 20장 이상을 써내려갔다. 대문 밖에 나가지 않는 것은 물론이고 낮에도 커튼을 두른 방에서 원고를 쓰다 보니 햇

볕을 너무 안 쐬서 햇빛 알레르기가 생겼다. 물도 잘 마시지 않아 요로결석으로 수술을 받기도 했고, 10권 분량의 대하소설을 만년 필로 쓰다 보니 손목에 마비가 와서 치료를 받기도 했다. 〈대발해〉를 쓰는 데 꼬박 2년이 걸렸다고 한다.

　내가 최선을 다했는지 아닌지는 어떻게 알 수 있을까? 내가 얼마나 노력했는지는 남들보다 나 자신이 더 잘 알 수 있지 않을까? 밤 늦게까지 공부하고 도서관을 나올 때의 뿌듯함을 느껴본 적이 있는가? 성과가 있느냐 없느냐를 떠나서 스스로 자신의 노력에 감동할 수 있다면 최선을 다했다고 말할 수 있지 않을까?

하버드대 졸업장보다 소중한 것

폭넓은 독서의 중요성

미군 장교들과 함께 공부하면서 가장 인상 깊었던 것 가운데 하나는 그들의 엄청난 독서량이었다. 수업을 위해 읽어야 하는 책도 만만치 않았지만, 그것 말고도 평상시의 독서량이 상상을 초월할 정도였다. 그들에게 독서는 취미를 넘어 삶의 일부였다.

세종대왕, 나폴레옹, 마오쩌둥, 처칠, 링컨, 빌 게이츠, 워런 버핏, 헬렌 켈러, 오프라 윈프리. 얼핏 공통점이 없어 보이는 이들의 공통점은 무엇일까? 이들은 모두 유명한 독서광이다. 어느 분야에서나 성공한 사람들은 대개 독서광이다.

빌 게이츠는 "나를 키운 것은 동네 도서관이다"라고 말했다. 하버드대를 중퇴한 그는 "하버드대 졸업장보다 독서 습관이 더 소중하다"고 말했다고 한다. 한때 빌 게이츠와 세계 최고 부자 자리를 다투었던 워런 버핏은 하루 5시간을 각종 책, 투자 관련 자료, 잡지, 신문을 읽는 데 쓴다고 한다. 부자가 저절로 되는 게 아니다.

신용호 전 교보생명 회장은 일곱 살 때 폐병에 걸려 사경을 헤맬 정도로 어린 시절 병약했다고 한다. 그의 어머니는 초등학교도 마치지 못한 아들에게 "책 속에 길이 있다"며 독서를 권했다. 이런 어머니의 격려에 힘입어 그는 동생의 교과서와 책으로 지식에 대한 목마름을 해소하며 자신의 삶을 개척할 수 있었다. '사람은 책을 만들고, 책은 사람을 만든다'는 교보문고의 캐치프레이즈는 이런 그의 삶에서 나온 것이다. 그런 철학이 있었기에 서울 한복판의 노른자위 땅에 서점을 만들 수 있었던 것이다. 그는 "적자가 나더라도 꼭 해야 하는 일이 있다"며 "여기에서 책을 읽고 자란 청소년들이 장차 훌륭한 작가가 되고, 대학교수가 되고, 사업가가 되고, 노벨상을 타고, 대통령이 된다고 생각해보세요"라면서 반대자들을 설득했다고 한다.

책을 읽으면 좋다는 것은 대부분의 사람들이 알고 있지만 우리나라 성인 3명 가운데 1명은 1년에 책을 1권도 읽지 않는다.

책 읽을 시간이 없다? 정말 그럴까? 게임하느라, TV 보느라 바쁜 건 아닌가? 돈이 없다고? 웬만한 책들은 커피 두세 잔 값만 아끼면 살 수 있다. 정 돈이 없어서 책을 못 산다면 도서관을 이용하면 된다.

힘든 일이 있을 때 마음을 털어놓고 위로받거나 조언을 들을 수 있는 친구가 있는가? 마음 편한 친구가 가까이 있으면 좋겠지만, 아무리 가까운 친구라도 늘 곁에 있을 수는 없는 법이고, 친구는 인생 경험이나 식견이 대체로 나와 비슷한 수준이기 때문에 큰 도움이 안 될 수도 있다. 책은 이런 문제를 해결해준다. 책을 통해서 우리는 쉽게 만나기 어려운 고금의 위대한 영혼을 만나 위로를 받거나 조언을 들을 수 있다. 당신에게는 그런 책, 그런 저자가 있는가?

좋은 책 몇 권이 당신의 인생을 바꿀 수도 있다.

영어, 이기고 시작하라

자신감과 올바른 태도

주먹 세계에서 진정한 고수는 싸우기도 전에 이미 이긴다. 주먹은 쓸 필요도 없다. 눈빛 하나로 상대방을 제압한다. 어떻게? 자신감이 있기 때문이다.

영어도 그렇다. 이기고 시작해야 한다. '나는 영어를 잘할 수 있다'는 자신감을 가지고 시작해야 한다. '영어, 내가 잘할 수 있을까?', '영어공부를 해야 되나? 말아야 되나? 그 시간에 다른 걸 하는 게 낫지 않을까?' 하는 의구심에 사로잡혀 있으면 집중력을 발휘할 수 없다.

영어는 엄청난 공부를 해야만 성취할 수 있는 학문이 아니다. 특별한 재능이나 교육이 필요한 것도 아니다. 미국에서는 거지도 유창하게 쓰는, 의사소통을 위한 도구일 뿐이다. 단지 연습을 통해 적절한 사용법을 익히기만 하면 되는 것이다.

영어는 만만한 것이다. 꾸준히 노력하고 연습하면 누구나 영어를 잘할 수 있다는 사실을 믿어야 한다. 그 믿음이 있어야 중도에 포기하지 않는다. 포기하지만 않으면 반드시 잘할 수 있다. 처음에는 진척이 보이지 않아 지루하고 답답하지만, '내 영어는 반드시 좋아질 것'이라는 믿음을 가지고 계속하면 반드시 좋아진다. 그 믿음이 가장 중요하다.

영어, 누구나 할 수 있다! 할 수 있다!

〈나는 네가 지난 여름에 한 일을 알고 있다〉라는 제목의 영화가 있었다. 현재의 내 몸은 내가 과거에 한 일을 전부 기억하고 있다. 내가 지금까지 어떻게 살아왔는지, 무엇을 어떻게 먹었는지, 운동을 얼마나 했는지 정확히 보여준다. 몸짱이든 몸꽝이든.

영어도 그렇다. 현재 내가 구사하는 영어의 수준은 지금까지 내가 영어를 대했던 태도를 그대로 반영한다. 마찬가지로 미래의 내 영어 수준은 내가 지금부터 영어를 어떻게 대하느냐에 따라 달라진다. Your attitude will determine your altitude. 당신의 태도가 당신의 높이(수준)를 결정한다.

"Insanity is doing the same thing, over and over again, but expecting different results."

아인슈타인의 말이다. 같은 일을 반복하면서 결과가 달라지기를 기대하는 것은 미친 짓이라는 이야기다. 우리 속담에 '콩 심은

데 콩 나고 팥 심은 데 팥 난다'는 말이 있다. 성경에는 'As a man sows, so shall he reap(뿌린 대로 거두리라)'라는 말이 있다. 그런데 과정은 바꾸지 않으면서 결과가 달라지기를 기대하거나, 아무것도 심지 않고 무언가를 수확하기를 바라는 사람이 의외로 많다. 노력이 부족했든 방법이 잘못되었든, 지금까지 영어가 자신이 원하는 수준에 도달하지 못했다면 지금까지 당신의 공부법에 문제가 있었던 것이다.

진정으로 영어를 잘하겠다고 마음먹었다면 결단을 내려야 한다. 영어를 대하는 태도를 바꾸어야 한다. 방법은 간단하다. 영어를 잘하는 사람들의 태도를 배워서 내 것으로 만들면 된다. 반드시 내가 원하는 수준으로 나의 영어 실력을 끌어올리겠다는 열정을 가져야 한다.

친구들 이름은 왜 저절로 외워질까?

학창 시절을 생각해보자. 새 학년이 되어 두어 달 지나면 같은 반 친구들 이름을 다 알게 된다. 요즘은 한 반에 30명 내외지만 예전에는 중·고등학교는 60명 내외, 심지어 초등학교는 100명 가까이 되는 학교도 있었다. 그래도 같은 반 친구들 이름은 다 알았다. 그런데 '우리 반 애들 이름을 다 외워야지' 하고 마음먹고 일부러 외우려고 노력하는 사람이 있을까? 그렇지는 않을 것이다. 그런데 어떻게 외우게 됐을까? 누가 외우라고 한 것도 아니고, 친구들 이름 잘 외웠는지 학교에서 시험을 보는 것도 아닌데 말이다. 하루에도 몇 번씩 얼굴을 마주치고 가끔 이름을 부르다 보니 저절로 외워진 것이다. 이름만 외우는 게 아니라 목소리만 들어도 알고, 멀리서 뒤통수만 봐도 누군지 알게 된다.

영어도 마찬가지다. 같은 반 친구들 만나듯 자주 보고, 듣고, 소리 내서 읽다 보면 저절로 익혀지는 것이다. 우리가 연구하고 공부해서 친구들 이름을 알게 되는 것이 아니듯이 영어도 자주 접하다 보면 나도 모르게 친숙해지고 익숙하게 쓸 수 있게 되는 것이다.

세상에서 가장 무서운 사람

선택과 실천

새해가 되면 누구나 '올해부터는 담배를 끊겠다', '올해부터는 다이어트를 하겠다'고 마음먹는다. '올해는 영어를 정복하겠다'는 결심을 하는 사람도 많다.

인생은 끊임없는 선택의 연속이고, 그 선택들은 반드시 결과를 남긴다. 영어를 잘하겠다는 선택을 하는 순간 삶의 방향은 달라진다. 아니, 달라져야 한다.

선택은 누구나 할 수 있다. 그러나 모든 사람이 성공에 이르지는 못한다. 왜 그럴까? 성공은 한순간의 결심만으로 이루어지는 것이 아니기 때문이다(만일 그렇다면 세상은 성공한 사람으로 넘쳐날 것이다). 성공은 꾸준함을 필요로 한다. 영어라는 의사소통 기술을 습득하기 위해서는 게임을 즐기듯이 틈나는 대로 끊임없이 훈련해야 한다.

Nothing great is easy. 세상에 가치 있는 것치고 만만한 것은 거의 없다. 몰두하지 않고 뭔가를 숙달하는 것은 불가능하다. 테니스나 골프 같은 운동도 그것을 즐길 수 있는 수준이 되려면 한동안 집중적으로 노력해야 한다. 그렇지 않으면 초보 수준을 벗어나지 못하고 중도에 포기하기 십상이다. 영어를 잘하겠다고 마음을 먹었으면 적어도 일정 기간 동안은 집중해서 달려들어야 영어가 열어주는 세상을 맛볼 수 있다.

영어에만 매달릴 시간이 없다고? 주위를 둘러보라. 당신뿐만 아니라 영어에만 전념할 수 있는 환경을 갖춘 사람은 흔하지 않다. 학생이라면 영어 말고도 공부해야 할 과목이 많을 것이고, 직장인이라면 하루하루 주어진 일을 해내는 것만도 만만치 않을 것이다. 공부나 일 말고도 신경 써야 할 일이 어디 한두 가지겠는가. 하지만 연애할 때를 생각해보라. 아무리 바빠도 데이트할 시간은 어떻게든 만들어내지 않았는가? 마음만 있으면 시간은 만들 수 있다.

앞에서도 이야기했듯이 나는 군에 있을 때 새벽 4시 반에 일어나서 한 시간 반씩 영어를 익혔다. 물론 처음에는 억지로 했다. 중요한 것은, 두어 달이 지나면서 영어 실력이 늘어나는 것을 느끼게 되자 영어가 재미있어지기 시작했다는 사실이다. 마치 게임처럼!

알면 좋아하게 되고, 좋아하면 잘하게 되고, 잘하면 더 좋아하게 된다. 무언가 잘하고 싶은 일이 있다면, 당신이 틈만 나면 게임에 열중하듯이 틈만 나면 연습하라. 그러면 곧 달인이 될 수 있다.

중국의 세계적인 기업 알리바바의 창업자인 마윈(馬雲)의 좌우명은 '절대로 포기하지 않는다'라고 한다. 그는 "순간적인 열정은 성공에 큰 도움이 되지 않는다. 지속적으로 이어질 수 있는 열정만이 사업을 발전시킬 수 있는 바탕이 된다"고 말한다.

무언가를 꾸준히 하는 것은 간단한 것 같지만 사실은 쉽지 않은 일이다. 무수히 많은 사람이 다이어트나 금연에 도전하지만 성공하는 사람보다 실패하는 사람이 훨씬 많다. 영어도 마찬가지다.

무엇보다 매일 규칙적으로 하는 것이 중요하다. 'Repetition is the mother of skill(반복은 기술의 어머니다)'이라는 말이 있다. 운동선수가 하루 연습을 하지 않으면 자신이 알고, 이틀을 하지 않으면 코치가 알고, 사흘을 하지 않으면 관중이 안다고 한다.

청와대 경제수석과 재무부 장관을 비롯해 여러 정권에서 요직을 맡았던 사공일 세계경제연구원 이사장은 칠순을 훌쩍 넘긴 나이에도 나라 안팎에서 왕성한 활동을 펼치면서 국제적 인물로 인정받고 있다. 그 비결을 묻자 그는 이렇게 답했다.

"열심히 공부하는 것이다. 그동안 세계적 인사들과 허물없이 지내고 필요할 때마다 만나 도움을 받기도 했다. 그런데 그 바쁜 사람들이 없는 시간을 쪼개 나를 만나주는 이유는 뭔가 자기들이 얻을 게 있겠다고 생각하기 때문이다. 그들에게 필요한 아이디어를 주기 위해서는 끊임없이 공부하는 수밖에 없다. 지금도 각종 세계

경제 현안을 파악하고 새로운 비전을 구상하기 위해 적어도 하루 세 시간 이상 읽고 공부한다."

　많은 직장인들에게 좋은 멘토 역할을 하다가 몇 년 전에 타계한 구본형 작가는 이렇게 말했다.

　"가장 무서운 놈은 매일 하는 놈이다."

- 2 -

답은
내 안에 있다

영어가 늘지 않았던 이유 &
늘 수밖에 없는 방법

"영어를 잘하겠다"고 하지 마라

나만의 영어 목표 정하기

여행을 떠나기 전에 가장 먼저 정해야 할 것은 무엇일까? 미리 행선지를 정해야 여행 경로와 교통편을 정할 수 있다. 영어공부를 시작하기 전에 먼저 영어를 어디까지 할 것인지를 생각해보자.

단순히 해외여행이나 쇼핑할 때 의사소통하는 정도가 목적이라면 당신은 영어를 배우려고 애쓸 필요가 없다. 열심히 했든 안 했든 초등학교와 중고등학교에서 적어도 10년 영어를 배웠다면, 당신은 이미 충분한 영어를 알고 있다. 다만 말해본 경험이 없거나 괜히 쑥스러워서 용기 내서 말하지 못할 뿐이다. 단어만 알아도 웬만한 의사소통은 충분히 가능하다. 손짓발짓까지 보태면 대부분 다통한다. 당신은 돈을 쓰는 사람이기 때문에 상대방이 대충 알아서다 이해해준다(물론 외국인이 돈을 쓰게 만들어야 한다면, 잘할수록 좋다). 그러니까 굳이 영어를 배우려고 애쓸 필요가 없다는 이야기다.

우물을 깊이 파려면 자리를 넓게 잡고 파야 한다는 말이 있다. 외국 회사에서 일하거나 국제기구에서 근무하고자 하는 사람은 전문 분야의 일을 영어로 할 수 있을 만큼 넓고 깊게 영어를 갈고 닦아서 듣고 읽고 말하고 쓰는 모든 기능을 확실하게 끌어올려야 한다. 같은 일을 하는 외국 사람들의 수준으로 끌어올려야 한다. 장기적으로 지속적으로 에너지를 쏟아부어야 한다. 영어를 듣고 읽는 것이 일상이 되어야 하고, 특히 가장 많은 시간이 소요되는 말하기와 쓰기는 집중적이고 장기적인 투자를 해야 한다.

'6개월에서 1년 정도 열심히 하면 영어를 잘 할 수 있다'는 말의 의미는 고도의 전문성을 갖추고 그걸로 돈을 벌 수 있는 수준이 될 수 있다는 뜻은 아니다. 만약 그런 의미로 말하는 사람이 있다면 의심해봐야 한다. 돈 되는 영어로 만들려면 더 진지하게 장기적으로 노력해야 한다. 자신의 전문성에 영어를 입혀서 글로벌 무대에서 활동할 수 있는 수준으로 가기 위해서는 전략적이고 종합적인 접근이 필요하다.

영어로 소통할 수 있고, 필요한 정보를 얻고, 즐길 수 있는 정도의 영어는 이 책에서 제시하는 방법으로 발음을 잡고 읽고 말하는 훈련을 꾸준히 하면 충분히 가능하다. 지향하는 목표가 무엇이든 일상적인 영어 소통이 가능한 수준으로는 누구나 가야 한다. 그걸 건너뛰고 영어를 정말 잘할 수는 없기 때문이다. 6개월에서 1년을 꾸준하게 해서 일반적인 소통이 가능한 수준으로 향상되면 그다음부터는 계속해서 혼자서 영어를 향상시킬 수 있게 된다.

중요한 것은 명확한 목표를 설정하는 것이다. '영어를 잘하겠다'는 것은 꿈이나 희망일 수는 있지만 목표가 되진 못한다. 명확한 목표란 군사작전에서 최종 상태를 기술하듯이 내가 생각하는 영어를 잘하는 상태를 명확하게 그리는 것이다. 예를 들어 '나는 ○○년 ○월까지 영어 듣기는 유튜브(YouTube)에서 내가 좋아하는 주제의 동영상을 90% 이상 이해하고, 말하기는 5분 정도의 자기소개를 자연스럽게 할 수 있는 정도가 되며, 읽기는 업무나 취미생활에 필요한 정보를 검색하여 활용할 수 있으며, 쓰기는 외국인과 이메일을 주고받을 수 있는 정도가 된다'는 식으로 구체화해야 한다. 특히 자신에게 가장 절실한 분야에 초점을 맞춰 목표를 세워야 지속할 수 있다.

목표를 설정했으면 영어를 우선순위 1번에 올려놓고 시간과 노력을 집중하고 목표를 달성할 때까지 지속해야 한다. 힘은 집중력에서 나오고 집중력은 명확한 목표에서 나온다.

학원에 다니면 영어가 늘까?

사람들이 영어를 제대로 해보겠다는 각오를 하면서 가장 먼저 생각하는 것은 영어학원을 찾는 일이다. 일단 등록을 하면 학원비를 생각해서라도 열심히 학원에 나가게 될 것이고, 최소한 그 시간이라도 공부를 할 테니 조금이라도 영어 실력이 늘 것이라고 생각한다. 그런데 현실은 기대에 미치지 못하는 경우가 많다. 왜 그럴까?

학원에 가서 영어를 배우려고 하기 때문이다. 무슨 뚱딴지같은 이야기냐고? 학원에서 구입한 교재를 학원에 가서 열어 보고 수업시간을 통해서 배우려고 해서는 절대로 영어가 늘지 않는다. 특히 외국인이 수업을 하는 회화학원에서는 더 그렇다. 수업시간은 자기가 공부한 것을 실제로 연습해보고 모르는 것이 있으면 질문하는 기회로 삼아야 한다. 그런데 예습을 하지 않고 학원에 가서야 교재를 훑어보고 강사의 설명을 듣는 것으로 만족한다면 그것은 돈 낭비, 시간 낭비다.

예습하고 수업을 들으면 교재를 보지 않고도 강사가 하는 말을 알아들을 수 있고 자기가 하고 싶은 말을 연습할 수 있다. 또 강사와 다른 학생이 하는 말도 집중해서 들으면서 그들의 영어 표현이 적절한지, 더 좋은 표현은 없는지 생각하며 속으로 답해보고 말해보는 연습을 할 수 있다. 그러면서 실력이 는다.

넌 아직도 영어가 외국어로 보이니?

영어를 배워야 하는 진짜 이유

핸드폰 알람 소리에 잠을 깬다. 바디워시와 샴푸로 샤워를 하고 스킨로션과 밀크로션, 파운데이션과 립스틱으로 가볍게 메이크업을 하고 드라이기, 브러시, 머리핀으로 헤어스타일을 정리하면서 스마트폰 앱으로 일기예보를 본다. 가스오븐에 구운 토스트에 햄, 베이컨, 계란프라이, 토마토를 먹고 오렌지 주스를 한 잔 마신다. 브래지어와 팬티, 블라우스와 스커트, 코트를 입고, 스타킹을 신고, 스카프를 두르고, 백을 메고, 하이힐을 신고 아파트를 나선다. 버스에서 스마트폰에 이어폰을 꽂고 음악을 듣거나 게임을 하다 보면 어느새 사무실이 있는 오피스텔 빌딩에 도착한다. 엘리베이터를 타고 사무실에 도착, 커피 믹스로 하루 일과를 시작한다. 더울 땐 에어컨을, 추울 땐 히터를 튼다. 컴퓨터와 모니터, 마우스와 키보드, 프린터, 팩스, 스캐너에 둘러싸여 일한다. 업그레이드할 때가 지나도 많이 지난 내 컴퓨터는 램이 1기가밖에 안 돼서 데이터를 좀 많이 차지하는 소프트웨어를 사용하면 수시로 랙이 걸린다. 이전 팀장은 에티켓이 부족한 사람이었는데 이번에 바뀐 팀장은 다행히 매너가 좋은 편이다. 요즘 글로벌 경기가 안 좋은 탓에 우리 회사도 매출이 시원치 않아 보너스나 인센티브가 작년보다 줄어들 것 같다. 점심은 가끔 햄버거나 샌드위치로 때운다. 유명 브랜드의 커피숍에서 커피나 허브차를 자주 마신다. 가격은 결코 싸지 않은데 서비스는 왜 셀프인지 모르겠다. 가끔은 다이어트 중이라는 사실을 깜박하고 머핀이나 초콜릿 케이크 한 조각을 먹기도 한다. 쿠폰에 스탬프 10개를 찍으면 한 잔은 서비스다. 오늘은 내 생일이라 저녁에는 유명한 셰프가 있는 레스토랑에서 남친과 데이트를 하기로 했다. 웨이터에게 메뉴를 받아 애피타이저와 수프, 샐러드, 와인을 고르고, 메인 요리로는 티본 스테이크를 웰던으로 주문한다. 포크와 나이프로 스테이크를 먹고 디저트로 나온 월넛 아이스크림은 티스푼으로 떠먹는다. 남친이 불러주는 생일 축하 노래는 내 이름만 빼고는 전부 영어다. 마트에 가서 카트를 끌고 쇼핑을 한 후 체크카드로 결제하고(포인트 적립은 기본) 에스컬레이터를 타고 B2 주차장으로 이동한다. 물건을 박스에 정리하여 자동차 트렁크에 싣고 집으로 돌아와 TV 리모콘으로 채널을 돌려가며 뉴스도 보고 드라마도 보고 쇼도 보고 퀴즈 프로그램도 보고 다큐멘터리도 보다가 잠이 든다. 자기 전에는 태블릿PC로 잠깐 소셜미디어에 접속하여 친구와 지인들의 근황을 살펴보곤 한다. 지난 주말에는 워터파크가 있는 강원도의 럭셔리한 스키 리조트에 다녀왔으니 이번 주말에는 가까운 가평의 펜션에 가서 바비큐도 하고 캠프파이어도 하면서 힐링할 생각이다. 셀카봉과 블루투스 스피커는 꼭 챙겨야지.

자, 낯선 단어가 있는가? 만일 위의 글에서 이해 안 되는 단어가 여러 개라면 당신은 언어 때문에 일상적인 의사소통에 불편을 느끼고 있을 가능성이 높다.

영어를 외국어로 인정하든 안 하든 우리가 왜 영어를 배워야 하는지를 논하는 것은 어찌 보면 무의미한 일이다. 이미 우리의 삶에 영어가 절대적인 자리를 차지하고 있기 때문이다. 영어 실력이 입시와 학위 취득, 유학, 취업, 승진, 다시 말해서 우리의 인생 전반에 얼마나 큰 영향을 미치는지는 두말할 필요가 없다.

대한민국에서 영어는 더 이상 외국어가 아니다. 한자어가 외국어가 아니듯이.

국어가 영어를 좌우한다

/

국어와 영어의 관계

나는 한때 우리말을 제법 잘한다고 생각했다. 미묘한 어감의 차이를 잘 짚어내는 것은 물론이고, 내가 말을 할 때도 그런 점을 적절히 이용해 표현할 줄 안다고 생각했다. 육군사관학교에서 전공이 국어였기 때문에 더욱 그렇게 믿었는지도 모른다. 그런데 영어를 본격적으로 공부하면서부터 내가 우리말을 얼마나 부정확하게 쓰고 있는지를 깨달았다. 단어 사용이 적절치 못한 것은 물론이고, 어법에 맞지 않고 주술 관계가 잘못된 비문(非文) 또한 빈번하게 사용하고 있었다. 게다가 생각이 명료하게 표현되지 않은 비논리적인 문장도 참 많이 쓰고 있었다.

외국어를 배우는 사람들은 우리말 실력이 외국어 실력을 결정적으로 좌우한다는 점을 잘 알 것이다. 우리말을 정확히 알지 못하면 외국어를 온전히 익힐 수도, 표현할 수도 없다. 아주 간단하고 일차원적인 문장조차 느낌을 살려서 다른 언어로 표현하기 어려운 법인데, 어려운 단어가 있는 복잡한 문장을 다른 언어로 표현하는 것은 굉장한 실력과 기술을 필요로 한다. 정확한 언어 감각을 기르고 미묘한 뉘앙스 차이를 제대로 표현하기까지 많은 훈련이 필요한 것은 물론이다. 오랜 세월 우리말로 제대로 쓰인 글을 많이 읽고 많이 쓰는 훈련을 반복하는 수밖에 없다. 이는 통역을 해보면 더욱 절실히 느껴지는 사실이다.

미8군에 근무할 때의 일이다. 업무 협조차 미군 장교와 함께 야전군 군사령부에 갔다가 미군 장교가 우리의 고위 장군을 만나는 자리에서 예정에 없던 즉석 통역을 하게 되었다.

그때 나는 장교영어반을 졸업하고 미8군 근무를 시작한 지 얼마 안 된 때여서 통역다운 통역을 해본 적이 없었다. 그렇지만 영어에는 어느 정도 자신감이 붙었던 터라 큰 걱정은 하지 않았다. 그런데 막상 부딪쳐보니 생각했던 것보다 훨씬 어려웠다. 통역하는 내내 등줄기를 타고 식은땀이 비 오듯 흘렀다. 간신히 통역은 마쳤지만, 그 후 내 어깨엔 무거운 짐 하나가 떡 하니 얹혀 있는 것만 같았다. 내 마음에도 무거운 그림자가 가로막기 시작했다.

통역할 때 정확한 단어와 문장을 찾지 못해 대략적인 표현으로 최소한의 의미만 간신히 전달하는 데 급급했던 점이 너무나 아쉬웠다. 곰곰이 생각해보니 영어만의 문제는 아니었다. 영어도 우리

말도 이해하지 못한 문장은 없었는데, 이를 정확한 언어로 표현하지 못한 게 문제였다. 뜻은 이해했지만, 이를 표현할 어휘력이 부족했다. 어휘력은 그 분야의 지식을 의미하기도 한다. 우리말 실력도 실력이지만 내가 아는 게 매우 부족했다. 우리 군에 대해서도 그랬고, 미군에 대해서는 더더욱 그랬다.

그 후 나는 우리말 공부에 관심을 기울였다. 국어사전도 최신판으로 새로 샀다. 우리말 군사용어사전을 입수해서 공부했다. 그러면서 내가 얼마나 우리말 공부에 소홀했는지, 우리말이 얼마나 뜻이 풍부하고 맛이 깊은지를 알게 되었다. 논리나 합리성 면에서는 다소 부정확하다고 느껴지는 표현도 없지 않지만, 소통 면에서는 영어로는 도저히 따라올 수 없는 깊은 맛과 운치가 넘친다.

이제 나는 영어만큼 우리의 말과 글에도 많은 관심을 둔다. 어떻게 하면 우리말의 깊은 맛을 제대로 표현할 수 있을지 늘 고민하고 궁리한다. 좋은 표현이나 궁금한 표현을 보면 사전을 찾아서 확인하고 더 좋은 표현은 없는지, 더 정확한 표현은 무엇인지 찾아본다. 그리고 그것을 영어로는 어떻게 표현하면 좋을지 다각적으로 접근해본다.

영어공부에서 우리말의 중요성을 절감하면서 나는 이런 생각을 하게 되었다. 국어교사와 영어교사는 각각 영어와 국어를 복수 전공할 필요가 있다고 말이다. 두 언어에 능통하다면 두 언어를 비교하여 가르칠 수 있고, 그러면 두 언어 모두 공교육의 효과가 획기적으로 나아질 수 있다고 생각한다.

영어를 공부하면 할수록 우리에게 영어와 국어는 떼려야 뗄 수 없는 언어라는 생각이 든다. 두 언어의 문장 구조만 제대로 이해한다 해도 지금보다 국어 실력은 물론이고 영어 실력도 훨씬 나아질 수 있다.

우리말, 영어 그리고 한자

네가 키타를 그렇게 잘 친다면서?

오늘 날이 좀 쌀쌀하니 가디건 입고 가라.

바베큐 먹으러 갈까, 부페 먹으러 갈까? 우선 쥬스부터 한잔해.

그 건물 지하 아케이트에 있는 커피숍에서 봅시다.

요즘에는 농사지으려면 스프링쿨러가 꼭 있어야 돼요.

시골 중학교에서는 졸업생이 박사 학위만 받아도 플랭카드를 건다네요.

흔히 듣는 이야기다. 이 문장들을 읽고 아무 이상을 느끼지 못했다면 당신은 우리말을 잘 못하는 걸까, 아니면 영어에 약한 걸까? 영어는 좀 약하지만 우리말은 자신 있다고? 자, 그렇다면 이건 어떨까?

네가 연애인 성대묘사를 아주 잘한다면서?

그래, 삼오제는 잘 지냈나?

그럼, 체면 불구하고 먹겠습니다.

그야말로 절대절명의 아슬아슬한 순간이었지.

너 그렇게 주야장창 술만 마실래?

그 집안은 아들이 사업에 실패하는 바람에 그야말로 풍지박산이 났어.

마찬가지로 흔히 듣는 이야기다. 이 문장들을 읽고 아무 이상을 느끼지 못했다면 당신은 우리말을 잘 못하는 걸까, 아니면 한자에 약한 걸까?

문법은 안 지켜도 되는 법?

문법을 대하는 올바른 태도

외국인 강사가 문법에 맞지 않는 말을 하는 것을 보고 "당신이 말한 것은 문법에 맞지 않는데, 그렇게 말해도 되는 거냐?"고 물었더니 강사가 "Don't split the hair!"라고 대답했다. 우리말로 옮기면 "머리카락을 가르지 마세요"로 시시콜콜 따지지 말라는 것이다. 쪼잔하게 그 가는 머리카락을 또 쪼개고 있으니 답답했던 것이다.

문법이라는 말이 주는 무서운 어감이 영어를 배우는 사람에게 공포심을 준다. '법'이라는 말이 들어가니 글을 쓰거나 말을 할 때 '지키지 않으면 큰일나는 것'이라는 의식을 갖게 만든다. 게다가 10년 넘게 문법을 묻는 시험에 시달리다 보니 영어를 말하려면 겁부터 나는 것이 당연하다.

하지만 문법은 그렇게 절대적인 것이 아니다. 생각해보라. 어려서 우리말을 배울 때 문법부터 배운 사람이 있는가? 우리는 우리말을 문법적으로 정확하게 쓰고 있는가? 우리가 우리말을 할 때 그렇게 문법에 신경 쓰는가? 우리는 문법을 거의 의식하지 않는다. 틀린다고 해도 별문제가 되지 않는다. 영어권에서도 말을 할 때 문법적으로 맞지 않게 말하는 경우가 많지만 그걸 문제 삼지는 않는다.

쓰기는 다르다. 카슈미르에서 유엔 옵서버로 함께 근무하던 스웨덴 장교가 있었다. 그는 말로 소통하는 데는 전혀 문제가 없었지만, 문법과 작문에는 약해서 보고서 쓰는 것을 어려워했다. 보고서 초안을 잡을 때부터 마무리할 때까지 그는 늘 내게 도움을 청했다. 나는 그보다 말로 하는 영어는 다소 부족했지만 보고서를 작성하는 데는 자신이 있었다.

우리의 영어교육이 문법 위주라고 비판하는 사람이 많지만 어느 정도 수준에 오르면 탄탄한 문법 지식이 큰 강점임을 깨닫게 된다. 잘못된 영어교육이라고 깎아내리기 전에 우리 교육의 장점을 잘 활용해보자. 그것이 수준 높은 영어를 구사하는 좋은 바탕이 될 수 있다.

요즘 대학생들은 과거에 비해 영어 발음도 좋고 회화 실력도 나아졌지만 문법의 기초가 약하고 구문에 대한 이해가 부족하다 보니 예전 학생들에 비해 오히려 발전이 더디다고 말하는 교수들이 많다. 모국어가 아닌 외국어를, 더구나 성인이 된 후에 배울 때에는 기초적인 문법 지식이 필수적이다.

쇼핑을 한다든지 하는 단순한 의사소통을 위한 영어는 지나치게 문법에 구애받을 필요가 없다. 문법에 맞지 않는 말을 한다고 해서 무시하는 외국인은 없을 것이다. 그러나 초보를 벗어나 수준 있는 영어를 구사하려면 문법에 맞게 말할 수 있도록 노력해야 한다. 단수와 복수를 구분하지 못하거나 시제가 자주 틀린다면 교양 있는 영어로 인정받기 어렵다.

어린아이는 말을 저절로 배웠을까?

언어 학습에 가장 좋은 환경은?

어린아이가 말을 배우는 과정을 생각해보자. 어린아이는 최적의 환경에서 최고의 선생님에게 늘 칭찬만 받는 행운아다. 실력이 늘지 않을 수 없다. 무슨 이야기냐고?

첫째, 아이는 잡생각 없이 수업에만 집중하는 좋은 학생이다. 딱히 다른 할 일이 없으니 말 배우는 것이 본업인 셈이다. 잠자는 시간을 제외하고는 하루 종일 말 배우기에만 전념할 수 있다. 그야말로 최고의 학생이다.

둘째, 아이에게 최초의 한국어 선생님인 부모는 제자의 발전을 진심으로 기뻐하는 헌신적인 선생님이다. 부모는 맘마, 엄마, 아빠 같은 간단한(어른이 보기에는) 말을 가르치기 위해 수십, 수백 번이라도 발음하는 입 모양과 소리를 들려주는 수고를 마다하지 않는다. 아이가 제대로 따라 하지 못해도 짜증 한 번 내는 법이 없다. 늘 다정하고 행복한 표정이다. 아이가 또래보다 말이 늦으면 조금 걱정을 하긴 하지만 다른 아이와 비교해서 점수를 매기지도 않고 발음이 정확하지 않다고 화를 내지도 않는다.

셋째, 동기부여가 된다. 어쩌다 아이가 '엄마' 비슷한 발음이라도 한 번 할라치면 엄마는 "여보, 들었어요? 우리 애가 '엄마'라고 하는 거 들었어요?" 하고 호들갑을 떤다. 할아버지 할머니까지 웃고 박수 치고 난리가 난다. 어쩌다 엄마 아빠가 하는 말을 비슷하게라도 따라 하면 엄마 아빠가 기뻐서 어쩔 줄을 모르니 말 배우는 게 즐거울 수밖에 없다. 자연 실력은 나날이 발전에 발전을 거듭한다.

집중할 수 있는 환경, 최고의 선생님, 최상의 동기부여가 이루어지는 몰입교육, 이만 하면 언어 습득에 최적의 환경이 아닐 수 없다. 그러니 아이는 따로 학원에 안 보내도 서너 살만 되면 웬만한 말은 다 알아듣고 의사 표시를 할 수 있을 정도의 우리말 실력을 갖추게 된다.

어른이 영어를 배울 때는 어떨까? 어른은 아이와 달리 영어에만 집중할 수 있는 형편이 못 된다. 영어 말고도 할 일, 신경 써야 할 일이 수두룩하다. 영어는 진학, 취업, 승진 등을 위해 귀찮지만 해야 하는 성가신 일에 불과하다. 게다가 어떤 선생님도 아이에게 말 가르치는 부모 수준의 애정과 열성을 보여주지 못한다. 열심히 해서 실력이 좀 늘었다고 해도 별다른 보상도 없다. 말 배우는 아이의 부모처럼 즉각적으로 반응해주는 사람도 없고, 학습의 결과도 금세 나타나지 않는다. 그러니 영어는 영원히 남의 나라 말이 될 수밖에 없다.

집중할 수 있는 환경도 안 되고, 최고의 선생님도 없고, 동기부여가 될 만한 일도 별로 없고, 시간을 따로 내기도 어렵다. 자, 이런 상황에서 어떻게 능동적으로 학습할 수 있을까?

영어, 좀 틀리면 어때?

우리가 당당해야 하는 이유

우리나라 사람들이 영어로 말하기가 어렵다고 하는 이유 가운데 가장 큰 것이 '틀릴까 봐'다. 많은 사람들이 문법에 맞지 않는 말을 해서, 발음이 좋지 않아서 창피를 당할까 봐 두려워한다.

영어회화를 잘하려면 무엇보다도 영어로 말하는 것에 대한 두려움과 거부감부터 없애야 한다. 우리말을 할 때도 수시로 실수를 하게 되는데, 남의 나라 말을 하다가 실수를 좀 한다고 해서 부끄러워할 필요가 있을까? 어차피 남의 나라 말인데, 발음이 안 좋으면 어떻고 문법이 좀 틀리면 어떤가. 얼굴에 철판을 깔고 도전하면 되는 거다!

거리에서 외국인을 만나면 가볍게 인사를 던져보자. 내 영어가 초보적이라고 하더라도 상대방은 대개 친절하게 답해준다. 입장을 바꿔놓고 생각해보자. 내가 외국에 나갔는데 외국인이 나에게 우리말로 인사를 건네면 반갑지 않을까? 우리나라를 방문하는 사람들은 대체로 우리나라에 대해 호감을 가지고 있는 사람들이다. 여기는 대한민국이고 우리에게 말 그대로 홈그라운드다. 강아지도 자기 동네에서는 반을 먹고 들어간다는데 영어가 좀 서툴다고 우리나라에 온 외국인을 두려워할 이유가 없다.

완벽한 영어라는 것은 존재하지 않는다. 당신은 한국어를 완벽하게 한다고 장담할 수 있는가? 말로 먹고사는 아나운서들도 실제로 자주 실수를 한다. 왜? 인간이니까. 정치가들도 말실수로 곤욕을 치르는 경우를 자주 본다. 글로 먹고사는 기자들도 일상적으로 크고 작은 실수를 한다. 글 깨나 쓴다는 사람들도 '유명세를 탔다'느니 '금도를 벗어났다'느니 하는 표현을 심심찮게 사용한다. 구글에서 '유명세'로 검색하면 자동완성으로 '유명세를 타다'라는 표현이 '유명세를 치르다'보다 앞에 나온다. 유명세(有名稅)는 타는 게 아니라 치르는 것이다. 흔히 오해하는 것처럼 유명세(有名勢)가 아니다. 네이버에서 검색해도 결과는 다르지 않다. 언론 등에서 유명세라는 말을 오용한 예가 숱하게 뜬다. 마찬가지로 '금도를'로 검색하면 자동완성으로 '금도를 지켜라' 또는 '금도를 넘다'라는 표현이 뜬다. 구글이나 네이버나 마찬가지다. 금도(襟度)란 '다른 사람을 포용할 만한 도량'이라는 뜻으로 지키거나 넘는 것이 아닌데도 말이다.

우리가 갓난아이 때부터 배우고 매일 쓰는 우리말도 밥 먹듯이 틀리는 판인데, 무슨 수로 남의 나라 말인 영어를 완벽하게 한단 말인가? 서양 사람들은 우리가 젓가락질을 하는 것을 보고 신기해하기도 한다. 그런데 우리의 젓가락질은 타고난 것이 아니고 처음에는 서툴고 어색했지만 연습을 통해서 익숙해진 것이다. 영어도 마찬가지다.

또 당당한 태도를 갖는 것이 중요하다. 영어를 좀 못한다고 해서 비굴하거나 부끄러워하지 말고 당당하고 의연한 태도를 보여야 한다. 못 알아들었으면 다시 물으면 된다. 단어가 생각나지 않으면 비슷한 단어를 써보거나 손짓발짓으로라도 의사표현을 하다 보면 상대편이 먼저 뜻을 알아채고 말해주기도 한다. 아무리 언어적 재능이 뛰어난 사람이라도 처음에는 그렇게 배우는 것이다.

기억하라. 영어를 못하는 것은 부끄러운 일이 아니다. 잘해야겠다고 생각하면서도 노력하지 않는 것이 부끄러운 일일 뿐이다.

영어를 잘하려면 뻔뻔해져야 한다?

내성적인 사람도 영어를 잘할 수 있을까? 어떻게 하면 수줍어하지 않고 말할 수 있을까?

말을 잘하기 위해서는 실수하는 것을 두려워하지 말아야 한다. 그런데 그것이 말처럼 쉽지가 않다. 장교영어반을 마치고 미8군에서 근무를 시작할 때 영어 말하기의 어색함을 줄일 수 있는 방법을 생각하게 되었다. 미군들은 건물 밖에 나오면 대부분 선글라스를 쓰고 다녔다. 나도 선글라스를 자주 쓰고 다녔는데, 지나가다가 미국 사람들을 만나서 말을 해보니 다른 때보다 훨씬 마음 편하고 자연스럽게 말할 수 있었다.

나는 그때 '아, 선글라스가 햇빛만 차단해주는 것이 아니라 수줍음도 막아주는구나' 하는 생각이 들었다. 거기서 한걸음 더 나아가 '선글라스의 대표 브랜드 중 하나인 Ray Ban(흔히 라이방이라고 부르는)이 햇빛을 막아주듯이 수줍음을 막아주는 것은 샤이방(Shy Ban)이라고 부를 수 있겠구나' 하는 생각을 했다. 영어를 연습할 때 선글라스를 쓰면 된다. 라이방이 샤이방이 되는 것이다.

요즘에는 스마트폰에 이어폰을 끼고 다니면서 음악이나 영어를 듣거나 전화통화를 하는 사람이 많다. 사람들이 있는 곳에서 영어 말하기를 연습하기가 좀 어색한 느낌이 든다면 샤이방을 쓰고 해보자. 샤이방을 쓰고 통화하는 것처럼 연습하면 된다. 거리에서든, 버스나 전철에서든 어디에서든 상관없다. 사람들은 당신이 외국인과 통화를 하는 것으로 생각할 것이다. 며칠 하다 보면 쑥스러움이 완전히 없어진다. 샤이방으로 수줍음과 어색함을 떨쳐버리고 과감하게 연습해서 말하기에 자신감을 갖자.

이해어휘를 표현어휘로

성공한 사람들의 유일한 공통점

성공한 사람들의 유일한 공통적 특징은 '평균보다 뛰어난' 어휘력이라는 연구 결과가 있다. 왜 그럴까? 인간은 언어를 만들고, 언어를 통해 자신의 사고를 발전시킨다. 또한 언어를 통해 다른 사람의 생각을 받아들이고, 자신의 생각을 다른 사람에게 전달하기도 한다. 한마디로 언어는 사고와 소통의 도구이다. 생각하지 못하고 소통하지 못하는 사람이 성공할 수 있을까?

그렇다면 어휘력을 풍부하게 하려면 어떻게 해야 할까? 많이 읽는 것 말고 다른 방법이 있을까?

영국의 20권짜리 옥스퍼드 영어사전에는 현재 사용되고 있는 단어 17만 1,476단어와 고어 4만 7,156단어, 파생어 9,500여 단어가 수록되어 있다. 모두 합치면 22만 단어가 넘는다. 이 중에서 반 이상이 명사이고 4분의 1은 형용사이며 7분의 1은 동사로 전체 단어의 3분의 2가 넘는다. 나머지 3분의 1은 대명사, 부사, 전치사, 접속사, 감탄사 등이다.

그러면 영어를 잘하려면 이 단어를 모두 알아야 하는가? 아니다. 그럴 수도 없고 그럴 필요도 없다. 우리가 천 단어를 알면 영미인의 일상적인 대화를 85%가량 소화할 수 있고, 3천 단어를 알면 97%를 이해할 수 있다고 한다. 그러니까 대략 전체 영어 단어의 1.5% 정도만 알아도 소통에 문제가 없다는 말이 된다.

여기서 단어를 안다는 것은 두 가지로 구분이 된다. 첫째는 듣고 읽어서 이해하는 것이다. 이는 외부에서 나에게 들어오는 영어를 받아들여서 이해하는 데 필요한 어휘로, 이해어휘(receptive vocabulary)라고 한다. 둘째는 내가 그 단어들을 사용하여 말을 하고 글로 쓸 수 있는 어휘로, 표현어휘(expressive vocabulary)라고 한다. 이해어휘는 문법을 익히고 어휘를 늘리는 공부를 통하여 확장할 수 있는 영역이고, 표현어휘는 입으로 말하고 손으로 쓰는 연습과 훈련으로 키워나갈 수 있다.

영어 성적은 좋지만 막상 외국인을 만나면 말이 나오지 않는 것은 공부는 열심히 해서 머릿속에 많은 지식이 있지만 현장에서 소통하는 데 필요한 듣고 말하는 훈련은 되어 있지 않기 때문이다. 즉, 가지고 있는 어휘 수준은 높은데 그것이 입과 손끝으로 나오지를 않는 것이다.

이해어휘의 양은 표현어휘의 양보다 훨씬 더 많은 것이 일반적이다. 게다가 문법과 어휘를 바탕으로 한 독해 중심의 교육을 받은 우리나라 사람들은 이해어휘 수준은 상당히 높은 반면 표현어휘는 상당히 낮아 둘 사이의 불균형이 더욱 크다.

외국인을 만나서 소통을 잘하지 못하는 것은 영어를 몰라서가 아니라 연습 부족으로 표현하지 못하기 때문이다. 그러니 공부를 통해서 머리에 더 많은 것을 축적하는 노력도 필요하지만 이미 알고 있는 것을 부지런히 연습하고 사용하여 표현어휘를 늘려나가는 것이 더욱 절실하다.

네덜란드나 핀란드 등 유럽 사람들은 고등학교까지의 정규교육과정을 통해 천 단어 수준의 실용적인 영어를 숙달하여 대부분 기본적인 소통이 가능하다. 다시 말하면 학교에서 어려운 영어를 가지고 씨름하는 것이 아니라 일상생활에서 많이 사용하는 천 단어 수준의 어휘를 표현언어로 만드는 것이다. 그 후에는 각자 자신의 처지와 필요에 따라서 스스로 영어를 공부하고 연습하는 것이다.

해외에 유학을 가지 않고도 영어를 잘하는 국내파들이 있다. 그런 사람들 중에는 일상적인 영어를 잘하기 위해서는 어려운 영어와 씨름할 것이 아니라 쉽고 평이한 어휘와 표현이 즉각 입에서 나올 수 있을 정도로 숙달해야 한다는 것을 일찌감치 알아차리고 중학교 교과서를 통째로 외워버림으로써 표현어휘를 획기적으로 끌어올려 '아는 영어'를 '하는 영어'로 만든 경우가 대부분이다. 공부

로 머릿속에 넣은 영어는 훈련을 통해서 입과 손끝으로 나와야 세
상에 빛을 발한다.

beauty는 명사, 형용사는?

어휘력을 늘리는 9가지 원칙

첫째, 새로운 어휘를 적극적으로 배우고 받아들이는 자세를 가져야 한다. 어휘는 저절로 습득되지 않는다. 내가 직접 찾아나서야 한다. 영어를 듣고 읽을 때 모르는 단어가 나타나면 꼭 확인해서 무슨 의미인지, 어떻게 사용하는지를 익히겠다는 마음을 가져야 한다.

둘째, 어휘 확장을 위해서는 영어 독서를 더 많이 해야 한다. 새로운 어휘를 만나고 익히는 데 가장 좋은 방법은 독서이기 때문이다. 자기 수준에 맞는 책을 골라 지속적으로 읽는 것이야말로 최고의 어휘 확장 방법이다. 어휘의 확장은 단지 영어공부가 아니라 사고의 확장이고 경험과 삶의 확장이다.

셋째, 모르는 단어를 만나면 그냥 지나치지 않아야 한다. 모르는 단어를 접했는데 귀찮다고 그냥 지나가면 다음에 다시 만나도 또 모른다. 그럴 때 그냥 흘려보내지 않고 사전을 찾아 확인하고 사용 해보면 그런 단어는 잊어버리지 않는다.

넷째, 다양한 분야의 책을 읽어야 한다. 처음에는 관심 분야에 관 한 독서를 통해서 재미를 붙여야 하지만 일정 수준에 이르고 읽는 재미를 느끼게 되면 독서의 폭을 넓혀서 어휘를 확장해나가야 한 다. 같은 영어를 사용하는 사람들도 일하는 분야가 다르면 서로 언 어가 다르다고 말한다. 잡지나 소설을 읽는 것이 어휘 확장에 좋은 이유는 여러 분야의 다양한 소재의 글을 읽을 수 있기 때문이다.

다섯째, 어휘 확장에 대한 목표를 설정해야 한다. 그저 무작위로 닥치는 대로 읽는 것이 아니라 나는 하루에 몇 개의 새로운 단어를 익히겠다고 정해놓고 매일 실천하면 목표를 달성하는 성취감을 느 끼면서 눈덩이처럼 어휘가 늘어나는 것을 체험할 수 있다.

여섯째, 사전을 읽는다. 옛날에는 사전을 처음부터 끝까지 독파 하 는 사람도 있었다. 꼭 그럴 필요는 없지만 표제어에 표시된 중학 교 또는 고등학교 수준의 표제어를 골라서 읽어보면 어휘 확장에 큰 도움이 된다. 특히 예문을 읽어보면 그 단어가 실제 어떻게 사 용되는지 자연스럽게 알게 된다.

일곱째, 파생 단어를 함께 익힌다. 단어를 하나씩 별개로 암기하 는 것은 효과도 적고 활용에도 어려움이 많다. 따라서 기본 동사나 명사를 중심으로 파생되는 단어를 함께 기억하면 어휘가 폭발적으로 늘어난다. 예를 들면 beauty라는 단어를 알게 되었으면 형용사(beautiful), 부사(beautifully), 동사(beautify) 명사(beautification) 등을 함께 익힌다. 한꺼번에 많은 단어를 손쉽게 내 것으로 만들 수 있다.

여덟째, 관련된 단어를 세트로 익힌다. 명사를 기본으로 하여 연결되는 단어를 생각하면 엄청나게 확장해나갈 수 있다. 즉, 단어의 범주(category)별로 확장해가면 기억하기가 훨씬 쉽다. 예를 들어 day라는 단어를 가지고 살펴보자.

Dawn(새벽, 여명), daybreak(새벽, 동틀무렵), morning, early morning, noon, midday, afternoon, early afternoon, even, early evening, dusk(황혼, 땅거미), Monday, Tuesday, Wednesday, Thursday, Friday, Saturday, Sunday, nowadays, birthday, D-day, someday, any day, day and night(밤낮), each day(날마다), every day, day after day(매일같이), every single day, day in day out(매일매일, 자나깨나), call it a day(그만하다), have a day off, off day, daily, daily newspaper, daily routine(일상 업무), day-by-day, day dream(백일몽), daytime(낮 시간), daylight(햇빛), daylight saving system (일광시간절약제), weekday(평일), day-to-day(그날 그날 꾸려가는), twenty four seven(하루 24시간, 일주일에 7일, 즉 매일매일, 항상) holiday(공휴일)에는 New Year's Day, President's Day, Independence Day, Liberation Day, Mother's Day, Parents'

Day, Children's Day, Thanksgiving Day….

이런 방식으로 sports, music, movie, festival, holiday, world, weather, building, room, kitchen, garden, color, house, family, animal, hobby, job 등의 단어들과 관련된 단어들로 확장해나가면 단어를 자연스럽게 익히게 된다.

아홉째, 이미지를 기억한다. 즉각 이미지가 떠오르지 않는 단어들은 Google에서 검색해서 그 이미지를 보면 오랫동안 기억할 수 있다.

어휘 확장의 복병 추상명사

영어 어휘를 학습하면서 가장 어렵게 느껴지는 것이 추상명사이다. 추상명사는 사물로 존재하여 눈에 보이는 것이 아니라 '추상적인 개념을 언어로써 말하여 나타내는 명사'이기 때문에 이해하기가 어렵다. 예를 들어 '생각'이라는 단어를 우리말로 설명하라고 하면 뭐라고 하겠는가? 우리말 사전을 찾아보면 '사물을 헤아리고 판단하는 작용, 어떤 사람이나 일 따위에 대한 기억, 어떤 일을 하고 싶어 하거나 관심을 가지는 것 또는 그런 일'이라고 설명되어 있다.

영영사전에서 thought를 찾아보면 ① the product of mental activity(정신적 활동의 산물) ② a single act or product of thinking(생각하는 행위 또는 그 산물) ③ the act or process of thinking(생각하는 행위 또는 과정)이라고 설명되어 있다. 이런 설명을 영어로만 읽어서는 '생각'이나 '사고'라는 우리말 단어가 바로 떠오르지 않는다.

추상명사를 만나게 되면 우리말 사전과 영어사전을 함께 보면서 정확한 의미와 개념을 파악해둬야 한다. 그렇지 않으면 보고 들을 때마다 혼동을 겪게 된다. 한 번 정확한 의미를 확인하고 자주 부딪치다 보면 익숙해져서 사전을 다시 찾지 않고도 바로 뜻을 알게 된다. 예를 들어 사랑(love), 아름다움(beauty), 용기(courage), 죽음(death) 같은 단어는 추상명사들이지만 우리가 자주 접하고 우리말의 의미를 명확하게 알고 있기 때문에 바로 의미를 알수 있다. 하지만 동정심(compassion), 기만(deceit), 손재주(dexterity), 공감(empathy), 진실성(integrity), 추측(speculation), 동정(sympathy) 등의 단어는 그냥 한 번 들어서는 정확하게 의미를 파악하기 어렵다. 따라서 이런 추상명사들은 반드시 사전을 찾아서 의미를 파악하고 우리말 설명이 정확히 이해되지 않을 때는 국어사전을 찾아서 그 의미와 개념을 정확하게 파악해두고 자주 읽어서 익숙해지는 것이 최선의 방법이다.

- 3 -

'영어 우선'
환경이 답이다

영어를 즐기며 정복하는 비결

한국에서 어학연수를

영어 환경을 조성하는 방법

영어를 배우기 위해서라면 굳이 해외에 갈 필요가 없다. 한국으로 유학을 떠나면 된다. 무슨 말이냐고? 한국에서도 유학 간 것과 다름없는 환경을 만들 수 있다는 것이다.

영어는 영어 사용 국가(English-speaking country)에 가서 배우는 것이 국내에서 배우는 것보다 나은 점이 분명 있을 것이다. 하지만 누구나 미국이나 영국 등으로 이민이나 유학을 갈 수 있는 것은 아니다. 그렇다고 해서 영어를 잘하는 것이 그렇게 어렵기만 한 것은 아니다.

요즘 일상생활에서 우리가 가장 많이 사용하는 것은 아마 스마트폰일 것이다. 잘 때도 옆에 두고 자고 심지어 화장실에 갈 때도 갖고 들어간다. 그렇게 늘 몸에 지니고 다니는 스마트폰을 조금만 잘 활용해도 영어와 정말 가까워질 수 있다.

　모든 것을 영어와 연관시켜라. 스마트폰 언어 설정을 한국어로 해두어도 화면에 나오는 말들의 반 정도는 영어로 되어 있다. 우리말로 쓰여 있는 것조차 영어발음을 그대로 쓴 것들이 태반이다. 메일, 쇼핑&생활, 게임, 엔터테인먼트, 고객센터, 갤러리, 메일, 메시지, 비디오, 인터넷 등이 그 예다. 어차피 한글로 설정해도 반은 영어인데 언어를 한국어에서 영어로 바꿔보자. 그러면 설정은 settings로, 검색은 search로 바뀐다. 단지 언어 설정을 바꾸는 것만으로도 적지 않은 단어를 알게 되고 이미 알던 단어들도 더 익숙해질 수 있다.

설정을 영어로 바꾼 화면. 왼쪽이 아이폰, 오른쪽은 안드로이드.

또 입력할 때 자판이 영어로 뜨기 때문에 오래지 않아 영어 자판을 외우게 된다. 영어 자판을 외우는 것만도 엄청난 발전이다. 그러면서 검색할 때 음성으로 하면 영어 말하기 연습이 되고 검색 결과를 영어로 들을 수도 있다.

영어로 생각하고 혼잣말도 영어로 하라. 영어에 숙달하고 친숙해지는 가장 좋은 방법이다. 보이는 모든 것을 영어로 옮겨보고 모르는 것은 사전을 찾아서 확인한다. 이런 작은 습관이 영어의 수준을 바꿔놓는다.

영어 친구를 만들어라. 정말 영어를 하겠다는 절실한 마음만 있으면 함께할 수 있는 사람은 너무나 많다. 친구와 정기적으로 만나서 영어로만 대화를 나누는 'English Only' 시간을 가질 수 있고 집에서도 가족끼리 영어로만 대화할 수도 있다. 가장이 솔선수범하면 아이들은 자동적으로 따라오게 되고 영어를 자연스럽게 대하게 된다. 국내 CEO들 중에 1주일에 한 번씩 새벽에 서로의 사무실을 오가면서 영어를 공부하는 분들이 있다. 잠깐 그렇게 하는 것이 아니라 10년 이상을 그렇게 해오고 있다고 한다. 영어 실력이 늘지 않을 수 있겠는가?

네이버를 벗어나라. Google은 전 세계 검색엔진의 지존이다. Google이 제공하는 정보의 질과 양이 세계 최고이기 때문이다. 그런데 우리나라에서 검색엔진의 지존은 네이버다. 그것은 네이버의 우수성보다는 아무래도 우리말이 편하고 영어는 귀찮기 때문이다.

콘텐츠의 질과 상관없이 오로지 한국어라서 편하다는 이유만으로 네이버에 의존하고 있는 것이다. 네이버의 울타리를 벗어나지 못하면 우리나라를 벗어나지 못한다.

영어 신문을 구독하라. 코리아헤럴드나 코리아타임스를 구독하면서 매일 헤드라인만 훑어봐도 나도 모르게 영어공부가 된다. 3개월만 지나도 수많은 낯선 단어들이 익숙해진다. 옛날 뒷주머니에 뉴스위크를 넣고 다니던 사람들이 그 잡지를 첫 페이지부터 끝까지 다 읽어서 영어를 잘하게 된 것이 아니다. 그렇게 하는 그들의 마음자세가 그 사람을 바꿔놓고 영어와 익숙해지게 하기 때문에 영어를 잘하게 되는 것이다.

영어 로봇을 고용하자. 우리가 좋은 영어 습관을 들이는 데 로봇을 고용할 수 있는 시대가 열렸다. Facebook의 메신저에는 현재 MotivateBot, HealthyBot, StoicBot 등이 있다. 이 로봇들은 매일 일정한 시간에 메시지를 들고 우리의 스마트폰을 찾아온다.

MotivateBot은 매일 아침 영감을 불러일으키는 영어 명언을 들고 온다. 또한 기분이 우울하거나 편하지 않을 때는 언제 어디서나 MotivateBot을 열어서 'inspire me' 또는 'motivate me'라고 입력하면(당연히 음성으로도 가능) 바로 기운을 북돋워주는 명언을 보내준다. 영어학습뿐만 아니라 우리의 삶의 방향을 잡아주는 길잡이가 되기도 하니 일석이조라고 할 수 있겠다.

HealthyBot은 건강 코치라고 생각하면 된다. 건강한 삶에 필요한 조언을 매일 아침에 보내주는데, 체력(fitness), 영양(nutrition), 마음챙김(mindfulness) 등에 관한 사항을 보내준다.

StoicBot는 우리를 일깨워 보다 나은 삶을 살 수 있도록 도와주는 스토아학파의 경구를 보내준다. 대표적인 스토아 철학자이며 로마 황제인 마르쿠스 아우렐리우스와 세네카 등의 명언이 나를 찾아온다. 특히 스토아철학은 수양의 기본 덕목(cardinal virtues)인 용기(courage)와 절제(self-control), 다른 이를 공정하게 다루는 정의(justice), 복잡한 상황에서 올바른 판단을 할 수 있게 하는 지혜(wisdom)에 관련된 경구를 보내주는 수양 코치라고도 할 수 있다. 필요할 때는 언제든 'stoic quotes'라고 입력하면 바로 좋은 경구를 보내준다.

구글이나 YouTube는 물론이고 페이스북, 트위터, 인스타그램에도 영어학습의 소재는 넘쳐난다. 중요한 것은, 스마트폰을 게임이나 드라마 보는 데만 사용하는 데서 벗어나 영어학습에 도움되는 내용을 활용하는 것이다. 페이스북이나 트위터, 인스타그램에서 유용한 계정을 팔로해두면 정보가 나를 찾아오게 되어 더 편리해진다.

이민이나 유학을 가지 못하는 것을 안타까워하기 전에 지금 당장 일상생활을 영어모드로 바꿔서 늘 영어와 함께하면 이미 한국을 떠난 것과 같은 환경을 만들 수 있다. 가장 먼저 갇혀 있는 우리의 마음부터 한국을 떠나보자.

딱 4주만 미쳐보면 영어 고수

/

영어 습관을 들이는 법

하루에 한 시간 오로지 영어에만 몰입할 수 있는 시간을 만들어보자. 4주 동안만 지속하면 습관으로 정착될 수 있다. 습관이 되면 당신은 영어의 고수가 될 수 있고, 영어의 고수가 되면 당신의 인생은 확 달라진다. 영어가 만능이어서가 아니라 그 과정에서 삶이 달라지기 때문이다. 영어가 바뀌면 인생이 바뀐다. 영어가 바뀌려면 먼저 인생이 바뀌어야 한다. 무슨 말이냐고?

시간 관리의 기본은 하루 24시간을 잘 보내는 것이다. 그다음은 1주일 단위의 시간 관리를 하는 것이다. 우리 삶은 5일 동안의 평일이 있고 이틀간의 휴일이 있는 1주일의 반복이다.

우리는 매일 8시간씩 1주일에 40시간을 일한다. 하루 중 나머지 16시간은 잠을 자고 먹고 쉬는 등 우리가 재량껏 사용할 수 있는 시간이다. 그런데 8시간 동안의 생산성은 나머지 16시간을 어떻게 보내느냐가 많은 영향을 미치고 그 영향력의 크기는 시간이 지나면 지날수록 더욱 커진다.

1주일 전체를 놓고 보면 168시간에서 일하는 40시간을 제외하고 나머지 128시간은 잠자고 먹고 쉬고 각자 원하는 일을 하면서 보낸다. 일하는 시간의 세 배가 넘는 시간을 내 마음대로 쓸 수 있는 것이다. 그 시간을 어떻게 쓰느냐가 인생을 결정한다. 일하는 시간이 우리의 인생을 결정하는 것이 아니라 해야 할 일이 정해져 있지 않고 우리가 자유롭게 쓸 수 있는 시간이 우리의 인생을 좌우한다는 것이다.

그래서 우리의 삶의 질을 결정하는 시간, 즉 하루에 16시간, 1주일에 128시간을 어떻게 보낼 것인가는 매우 중요한 이슈다. 이걸 잘하면 성공하고 잘못하면 성공 가능성이 낮아진다.

먼저 하루의 시간을 어떻게 보낼 것인가를 생각해보자. 먼저 잠을 얼마나 잘 것인가? 각자의 체질과 체력에 따라서 다르겠지만 일반적으로 8시간 이상은 너무 많고 4시간 이하는 너무 적다고 생각하면 된다. 각자 자신에게 가장 적절한 취침시간을 파악해서 습관을 들이는 것이 중요하다. 더 자면 낭비이고 덜 자면 피곤해서 효율성이 떨어진다.

언제 자는 것이 가장 좋은가도 중요한 문제다. 하루 6시간을 잔다면 밤 10시부터 새벽 4시까지 잘 수도 있고 자정부터 6시까지 잘 수도 있다. 자신의 생활 패턴과 직장의 업무시간 등을 고려하여 가장 적합한 시간에 규칙적으로 자면 된다. 그리고 침해받지 않는 시간을 확보하여 영어에 투자하는 것이다.

그렇게 영어를 위한 시간을 확보하고 결심을 했다면 정말 생사를 가르는 일이 아니면 반드시 지켜야 한다. 그 시간에는 집중을 방해하는 전화, 카톡, 이메일 모두 제쳐놓고 오로지 영어에 전념하는 것이다. 그 시간에 자기가 할 수 있는 최고의 집중력을 발휘하지 못한다면 나머지 시간과 활동을 재점검하여 개선해야 한다. 집중력을 발휘하는 그 시간이 영어뿐만 아니라 인생을 통째로 바꾼다. 소통과 배움의 도구인 영어가 인생을 바꾸기도 하지만 더 중요한 것은 영어를 배우면서 익히는 건강한 습관이 인생을 바꾼다는 사실이다.

하루에 1시간을 확보했다면 이를 어떻게 활용하여 영어를 업그레이드하고 삶을 바꿀 것인가? 매우 단순한 완전 몰입식 영어공부법을 소개한다.

1. 영어 발음 연습

1) Alpha, Bravo … Zulu까지 소리 내어 읽기(105쪽 참조): 한 번은 천천히 그다음은 좀 더 빠르게, 세 번째는 최대한 빠르게 읽으면서 정확하게 발음한다.

2) One, two, three … one hundred까지 세기: 마찬가지로 처음에

는 천천히, 두 번째는 좀 더 빠르게, 세 번째는 최대한 빠르게 읽으면서 정확하게 발음하는 데 신경을 쓴다.

2. 자기 확언(Self-affirmation) 읽기

처음에는 천천히 20개 문장(99쪽 참조)의 뜻을 새기고 그렇게 되어 있을 자신의 모습을 그리면서 읽는다. 다음에는 자연스러운 발음과 인토네이션에 신경을 쓰면서 보통 속도로 읽는다. 배우가 연기를 하듯이 말에 감정을 실어서 표현하는 훈련을 함으로써 두뇌가 실제 상황을 표현하는 것으로 착각하여 그렇게 믿게 만드는 것이다. 그럼으로써 그 문장들의 의미가 실제가 되도록 하는 것이다.

3. 혀 풀기 운동(Tongue Twister)

108쪽에 있는 문장들은 영어가 완벽한 원어민 연사들이 발음 연습으로 사용하는 것들이다. 원어민들도 때때로 혀가 꼬여서 발음을 정확하게 못하는 경우가 많기 때문에 연습을 하는데, 외국어인 영어를 배우는 우리들은 더 많이 연습해야 하는 것은 당연하다. 처음에는 한 문장을 하기도 어렵지만 점점 익숙해져서 곧 잘하게 된다. 이런 문장들을 자연스럽게 읽을 수 있게 되면 다른 평이한 문장들은 그야말로 식은 죽 먹기가 되는 것이다.

4. YouTube 동영상 보기

1) 검색창에서 'motivational speech'를 입력하여 10분 내외의 동영상을 고른다. 물론 자신의 관심 분야로 검색해도 좋다.

2) 영어 자막(subtitle)을 읽으면서 보통 속도로 동영상을 본다.

3) 재생속도가 너무 빨라 듣지 못하는 내용이 있으면 설정에서 속도를 0.75배속으로 바꾸어 다시 자막을 읽으면서 동영상을 본다.

4) 속도에 익숙해지면 자막을 소리 내어 읽으면서 본다.
   처음에는 소리 내어 읽는 속도가 느리고 정확하게 발음이 안되지만 몇 번만 되풀이해보면 곧 좋아진다. 잘 안 된다고 포기하지 말고 계속해야 한다.

이렇게 1. 발음 연습부터 4. YouTube 동영상 보기까지 하는 데 40분 정도의 시간이 소요되는데, 걸리는 시간은 점점 짧아질 수 있다. 나머지 시간은 동영상을 더 반복해서 보면서 자신이 듣기나 읽기에서 놓치거나 서툰 부분을 확실하게 익숙해지도록 한다.

휴일에는 시간적인 여유가 더 있으므로 1부터 3까지는 똑같이 하고 YouTube 동영상 보기 시간을 더 늘리거나 TED 강연을 보거나 자신이 좋아하는 영화를 볼 수도 있다. 중국의 마윈은 〈포레스트 검프〉를 수없이 반복해서 보면서 영어도 배우고 절대로 포기하지 않는 검프의 정신을 배웠다고 한다.

이렇게 4주 정도 지속하면 습관이 되어 자연스럽게 할 수 있게 된다. 그리고 10주 정도가 되면 발음 연습을 하지 않아도 될 만큼 발음에 자신감이 생긴다. 또한 자기 확언도 완전히 내면화되어 영어에 대한 부담감을 전혀 느끼지 않게 된다. 그렇게 되면 YouTube 나 TED에서 좀 더 다양한 주제의 동영상을 스스로 찾아서 볼 수 있게 되고 자신도 모르는 사이에 엄청나게 영어가 향상되고 상식도 굉장히 풍부해진 자신을 발견하게 된다.

영어를 정복하고 인생을 바꾸는 프로그램치고는 너무나 단순하다고 생각할지 모른다. 하지만 영어를 숙달하는 비결은 이렇게 단순하다. 그런데도 지속하지 못하는 것은 의지의 박약과 절박함의 부족일 뿐이다. 진정한 강자는 꾸준히 반복하는 사람이다.

나만의 영어책 만들기

/

영어에 폭과 깊이를 더하는 방법

영어를 배우는 것도 궁극적으로는 내가 성장하고 행복한 삶을 살기 위한 것이다. 그래서 영어공부는 반드시 내 삶의 목적과 방향을 같이해야 한다. 영어의 기본을 어느 정도 갖추고 나면 영어공부의 방향을 나의 주요 관심 분야에 집중해야 한다.

내가 좋아하는 관심 분야를 영어로 공부하면 재미도 커지고 영어가 깊어져서 자신의 성장은 물론 성취감도 느낄 수 있다. 그런 성취감은 또다시 시너지 효과를 발휘하여 더 나은 영어로 발전해나갈 수 있다. 이럴 때가 되면 학교에 다닐 때 자기만의 단어장을 만들어 공부한 것처럼 '나만의 영어책'을 만들어보기를 권한다. 책을 쓴다고 하면 너무나 거창하다고 생각할지 모르지만 실은 간단한 몇 가지 방법이 있다.

먼저, 가장 간단한 방법은 파워포인트를 이용하는 것이다. 파워 포인트는 프레젠테이션을 하는 프로그램인데, 논리적인 표현과 설득이 가능하도록 설계된 '사고체계'라고 할 수 있다. 제시하고자 하는 아이디어를 핵심적으로 표현하는 키워드를 제목으로 제시하고 그 밑에 중요한 요점을 설명한다. 필요하면 사진이나 도표, 동영상을 넣어서 듣는 사람의 이해를 돕는다.

이렇게 내가 관심을 가지고 있는 분야의 키워드를 찾고 관련 지식이나 표현을 모아서 파워포인트 슬라이드로 만들어두는 것이다. 처음에는 관심 분야에 대한 전체적인 목차를 짜는 것이 힘들기 때

블로그를 활용한 글쓰기 사례

문에 키워드를 하나씩 해나가는 것이 좋다. 그리고 하나의 키워드에 따르는 하부의 주요 개념이나 용어가 많으면 몇 장의 슬라이드로 만들 수 있고 관련 세부사항이 있는 웹사이트나 YouTube 동영상 등을 하이퍼링크로 연결해두면 필요할 때 언제든지 확인하고 추가적인 공부를 할 수 있다. 또한 관련 영어 표현은 슬라이드 노트에 자세히 기록해놓고 필요할 때 보면 된다. 그렇게 슬라이드에 영어로 표현하는 것 자체가 굉장한 영어학습이 되고 그걸 구어체 영어로 표현하는 연습을 할 수 있어서 슬라이드를 만드는 과정 자체가 정말 좋은 영어공부법이다. 그래서 나는 이걸 '파워포인트 학습법'이라고 부른다.

이렇게 해서 슬라이드가 모아지면 한 권의 책이 될 수 있다. 예를 들면 건강, 취미, 사회적 이슈, 자기계발 등을 주제로 한 키워드를 하나씩 하나의 슬라이드로 만들고 거기에 주요 내용과 영어 표현들을 모으면 그것이 나만의 영어책이 되는 것이다.

두 번째는 파워포인트와 비슷한 방법인데, 주제나 키워드별로 카드뉴스를 만드는 것이다. 글 위주로 만들어진 자료는 세부적이고 자세한 반면 가독성이 떨어지기 때문에 한눈에 들어오면서 핵심 개념이 잘 설명되어 있는 카드뉴스로 만드는 것이다. 하나씩 만들어가면 점점 카드뉴스가 축적되고 내용이 깊어지면서 다양한 표현과 지식이 쌓이게 된다. 그걸 논리적으로 정리하면 한 권의 책이 될 수 있다.

세 번째는 블로그에 글을 쓰는 것이다. 블로그는 자신이 하고 있는 공부를 축적하는 데 굉장히 편리하다. 주제별로 카테고리를 정리해서 글들을 분류하게 되므로 매우 체계적인 공부가 된다. 처음에 자신이 없을 때는 비공개로 해서 자료를 정리하고 축적하는 데 사용할 수 있고 어느 정도 자료가 쌓이고 자신감이 생기면 그때 공개를 해도 된다. 자료를 공개하기 위해서는 공부 내용이 확실하고 명확한 지식을 바탕으로 해야 하므로 더 좋은 공부가 된다. 이때 영어의 일반 지식을 바탕으로 하기보다는 자신이 좋아하는 분야의 영어 표현이나 자신의 전문 분야에 대한 영어를 정리하는 식으로 자신만의 특징을 살려서 만드는 것이 좋다.

네 번째는 Facebook, 밴드 등에 자신이 하고 있는 영어를 중심으로 포스팅을 해보는 것이다. 확실하지 않은 지식은 명확한 근거를 확인해서 올리게 되므로 공부가 되고, 그런 포스팅이 쌓이면 책으로 발전하는 것이다. SNS에서는 사진이나 영상이 가독성이 높으므로 그런 것을 감안하여 작성하는 것이 좋다.

블로그나 SNS에 글이나 동영상을 올리는 것은 자신의 브랜드 구축에 결정적으로 영향을 미치므로 시작할 때 조금은 전략적으로 접근해야 한다. 깊이 생각하지 않고 글을 올리면 온라인에서 친삭(친구 삭제)을 당하고 기피 인물이 될 수 있다. 사람들에게 생각거리와 깨달음, 즐거움을 나누는 포스팅을 통해서 온라인 평판(on-line reputation)을 잘 관리하는 것이 중요하다.

요즘에는 회사에 입사지원을 했을 때 온라인 평판조사를 받는 경우가 많다고 한다. 그것이 수년 동안 축적되면 돌이킬 수 없는 흠이 될 수도 있고 엄청난 자산이 될 수도 있다. 유념해서 평판 관리를 하는 데 신경을 써야 한다. 아니, 평판 관리라기보다는 온라인 수신(修身)이라고 해야 더 적당한 표현인지도 모르겠다.

다섯 번째는 핀터레스트(Pinterest)나 인포그래픽(Infographic)을 이용하여 주제별, 키워드별로 자료를 정리해나가면 좋은 지식의 축적이 된다. 특히 그림과 도형 등을 사용하여 이해가 쉽고 하나의 개념을 중심으로 관련사항과 하부 개념을 한눈에 볼 수 있어 상당히 유용한 자료로 발전시킬 수 있다.

영어는 단지 시험을 위한 과목이 아니다. 이 시대에 가장 중요한 학습 도구다. 공부하는 과정에서부터 주도적인 마음자세로 책을 만들어가면 후에 공부하는 사람들에게 도움을 줄 수도 있고 자신의 학습을 체계화할 수 있다. 쉽지 않은 것이 사실이지만 도전해볼 만한 좋은 프로젝트로 강추한다.

아름다운 글, 감동을 주는 글, 지혜가 담긴 글, 재미있는 글들을 꾸준히 모아서 한 권의 책으로 만들어 선물한다면 그 어떤 이벤트 못지 않게 기억에 남는 선물이 되지 않을까?

영어는 게임처럼

예전에는 버스나 전철을 타면 신문을 보거나 책을 읽는 사람들을 흔히 볼 수 있었다. 요즘은 그런 사람들을 보기 힘들다. 대부분의 사람들이 스마트폰으로 게임을 하거나 드라마를 보거나 메시지를 주고받는다. 최근 통계에 따르면, 한국인의 하루 모바일 앱 사용시간이 약 200분으로 세계 1위라고 한다. 25%는 게임에 사용한다고 하니 하루에 1시간 가까이 게임을 하는 셈이다. 아무래도 젊은 사람들이 게임을 더 많이 할 테니 우리나라 젊은이들은 하루에 1시간 이상 게임을 한다고 봐도 과언이 아닐 것이다.

도대체 사람들은 왜 그렇게 게임에 빠지는 것일까? 게임은 재미있다. 재미있다 보니 틈만 나면 하게 되고, 자꾸 하다 보니 점점 더 잘하게 된다(레벨이 올라간다). 문제는 중독성이 있다는 것이다. 적당히 즐긴다면 큰 문제가 없겠지만 중독되면 자칫 게임 폐인이 된다.

게임에 빠지듯이, 아니 게임에 빠지는 대신 영어에 빠져보면 어떨까? 영어가 재미있으면 틈만 나면 하게 되고, 자꾸 하다 보면 점점 더 잘하게 되지 않을까? 중독돼도 괜찮다. 게임에 중독되어 폐인이 되는 사람은 많아도 영어에 중독돼서 폐인이 된 사람은 없다.

재미를 느끼지 못하는 게임은 몇 번 하다가 그만두게 된다. 당연히 레벨은 올라가지 않는다. 마찬가지로 영어에 재미를 느끼지 못하면 스펙을 쌓기 위한 시험이 끝나는 순간 손을 놓게 된다. 그래서 우리의 영어가 더 이상 발전하지 못하는 것이다. 다행히 요즘은 재미있는 영어 콘텐츠가 넘쳐난다. 즐기기만 하면 된다!

영문학자가 되는 것이 목표가 아니라면 영어를 공부하고 연구할 필요가 없다. 그저 게임하듯이 즐기면 된다. 즐기다 보면 어느새 자신의 영어가 레벨업 돼 있는 것을 느끼게 된다.

독해와 말하기와 듣기를 동시에

/

하루 15분 낭독의 힘

목이 쉴 정도로 영어책을 큰 소리로 읽어본 적이 있는가? 없다면 당신은 영어를 제대로 연습한 적이 없는 것이다. 성인이 영어를 배우는 데 가장 중요한 것은 읽기, 특히 소리 내서 읽는 낭독이다.

우리나라 군인들의 외국어 교육을 담당하는 국방어학원이 있다. 이곳에서는 영어뿐만 아니라 중국어, 일본어, 프랑스어, 독일어, 스페인어, 러시아어, 아랍어 등을 가르친다. 국방어학원에서 영어를 배우는 군인들은 매일 1시간씩 교재를 소리 내어 읽는다. 그렇게 한 다음 영어의 다른 기능들을 학습한다. 큰 소리로 영어를 읽는 것은 정신적·심리적·신체적으로 많은 영향을 미치고, 발음과 인토네이션 등 말하기에 관련된 모든 요소를 골고루 향상시킨다. 심지어 에너지가 소모되어 식욕까지 좋아진다.

발음이 좋아야 영어를 자신 있게 할 수 있는 것은 사실이다. 그런데 큰 목소리로 자신감 있게 해야 영어가 좋아지는 것도 사실이다. 무작정 소리를 지르라는 것이 아니라 당당하고 듬직한 목소리로 말하라는 것이다. 자신감이 없어서 기어들어가는 소리로 말하면 상대는 알아듣지 못해서 답답하고 말하는 당사자도 찝찝하다. 말을 할 때 자신감 있는 목소리로 할 수 있게 하는 연습이 바로 큰 소리로 책을 읽는 것이다. 처음에는 발음이 자연스럽지 못해도 반복해서 하면 나아진다.

나는 개인적으로 지금도 매일 아침 자기계발서를 15분 정도 소리 내어 읽는다. 동기부여 강사들(motivational speakers)이 강연하듯이 또는 옆 사람에게 이야기하듯이 제스처를 쓰면서 책을 읽는다. 그 문장이 담고 있는 의미와 느낌을 담아서 전하는 스피킹 연습을 하는 것이다. 이런 연습은 영어 말하기를 향상시켜주고 영어에 대한 자신감을 키워준다. 이뿐만 아니라 읽는 책의 내용 자체가 나의 정신과 영혼에 좋은 영향을 미치기 때문에 일석이조다.

우리가 지금까지 배운 영어는 대부분 독해에 치중되어 있었다. 학교에서 독해 위주로 영어를 가르치고 시험을 치르기 때문에 자연스럽게 그렇게 되었다. 머릿속에는 많은 양의 문법지식과 단어가 들어 있지만 입으로 나오질 않고 들어도 의미를 파악하지 못한다. 엄청난 공부로 독해 능력은 좋은데 연습과 훈련의 대상인 소리 내어 읽기와 말하고 듣기는 소홀히 한 결과다. 이제 시험 영어가 아니라 실제 영어 소통 능력을 향상시키려면 공부는 조금만 하고 훈련하는 시간을 대폭 늘려야 한다.

그러면 어떻게 영어 훈련을 시작할 것인가? 하루 15분 소리 내어 읽는 것으로 시작하자. 소리 내어 읽는 것은 일석삼조의 훈련이다. 눈으로 읽으면서 독해가 되고 입으로 소리를 내어 읽음으로써 말하는 연습이 되며 자기가 읽는 소리를 귀로 들어서 익히기 때문이다. 어떤 영어책을 가지고 읽어도 좋지만 가능하면 너무 어렵지 않고 재미있는 것을 읽는 것이 좋다. YouTube의 검색창에서 영어 읽기(English reading)를 검색하여 마음에 드는 것을 골라 보면서 원어민이 읽는 것을 들으면서 따라 읽으면 더 좋다. 각자 자기가 좋아하는 것(keyword)을 검색하면 엄청난 자료들이 올라온다. 거기서 좋은 것을 골라 보고 들으면서 따라 읽으면 된다.

소리 내어 읽기 훈련 15분은 하루 훈련 양의 최소 시간이다. 처음에는 이것도 쉬운 것은 아니지만 1주일만 계속해도 읽는 속도와 발음이 훨씬 좋아지는 것을 느낄 수 있다. 눈과 입과 귀를 훈련하는 것이지만 더 근본적으로는 우리의 두뇌 훈련이다. 두뇌는 눈으로 들어오는 내용을 처리하여 의미를 파악하고 성대와 입을 작동시켜 말이 나오게 한다. 처음에는 의미를 파악하고 말이 나오게 하는 데 시간이 걸리지만 훈련을 거듭하면 속도가 점점 빨라지고 마치 저절로 되는 것처럼 느껴진다.

우리는 이미 우리가 생각하는 것보다 훨씬 많은 영어를 알고 있다. 단지 아는 것을 사용하는 훈련이 부족하여 숙달되지 않았을 뿐이다. 그래서 우리가 이미 알고 있는 것들이 귀에 들리고 입으로 나오도록 훈련해야 하는 것이다. 듣고 말하는 훈련은 죽은 영어를 살려내는 것이다.

처음에는 15분도 길게 느껴질 수 있다. 발음도 불편하고 어색하고 이래가지고 언제 영어가 제대로 될까 하는 의구심이 든다. 하지만 연습하다 보면 어느새 영어가 입에 붙고 재미있게 된다. 소리 내어 영어 읽기를 실천하면 여러분의 영어는 당당해지고 자연스러워진다.

무슨 일이든 시작할 때는 어색하고 불편하다. 처음으로 테니스나 골프의 그립을 잡을 때에는 어색하기 짝이 없고 불편하지만 몇 개월이 지나면 점차 익숙해지면서 기량이 향상되고 전에는 미처 생각하지 못했던 새로운 세상을 발견하는 희열을 경험한다. 하루 15분 영어 읽기는 새로운 세상을 보여줄 것이다.

기분이 좋아지는 영어 세뇌

/

영어학습을 위한 심리적 준비운동

운동선수들은 본격적인 훈련을 하기 전에 반드시 간단한 운동과 스트레칭으로 몸을 푼다. 몸이 풀리고 나면 점점 어려운 동작과 테크닉을 훈련한다. 영어를 배우는 과정도 마찬가지다. 가벼운 준비운동으로 몸과 마음을 풀어주는 시간이 반드시 필요하다. 바로 영어를 잘할 수 있다는 믿음과 확신을 몸과 마음속에 새기는 것이다.

자, 몸과 마음의 긴장을 풀고 마음을 가라앉히고 다음에 나오는 영어 문장을 읽어보자. 'You are what you say(당신이 하는 말이 당신이다)', 즉 말하는 것을 보면 사람의 됨됨이를 알 수 있다.

그냥 건성으로 읽은 것이 아니라 문장의 의미를 새기고 믿으면서 소리 내어 읽으면 그 느낌이 마음에 새겨지고 남게 된다. 영어를 유창하게 잘하는 자신의 모습을 그려보면서 매일 읽으면 기분도 좋아지고 영어가 굉장히 친근하게 느껴진다. 각오를 다지고 열심히 하되, 힘은 빼고 가벼운 마음으로!

1   I am an excellent English speaker.
    나는 영어를 탁월하게 잘한다.

2   I can speak English fluently.
    나는 영어를 유창하게 말할 수 있다.

3   I am a natural English speaker.
    나는 자연스럽게 영어를 말한다.

4   I am learning English very quickly.
    나는 굉장히 빨리 영어를 배운다.

5   I enjoy learning English.
    나는 영어 배우기를 즐긴다.

6   I practice my English as many times as possible.
    나는 기회 있을 때마다 영어를 연습한다.

7   My mind is focused on learning English.
    나의 마음은 영어를 배우는 데 집중한다.

8   I remember English words efficiently.
    나는 영어 어휘를 효율적으로 기억한다.

9   Whenever I see a new word, I can memorize it very easily
    나는 새로운 단어를 볼 때마다 매우 쉽게 기억할 수 있다.

10 I am extremely motivated to learn English.

나는 영어학습을 위해 굉장히 동기가 부여되어 있다.

11 My mind is naturally relaxed when learning English.

나는 영어를 배울 때 자연스레 이완되어 있다.

12 I am developing a passion for English.

나는 영어를 위한 열정을 계발하고 있다.

13 I am finding it easier and easier to understand English.

나는 영어를 점점 더 쉽게 이해한다.

14 English is becoming a natural part of my mind.

영어는 자연스레 내 마음의 일부가 되어 간다.

15 My English is improving every day and every moment.

나의 영어는 매일 매 순간 향상되고 있다.

16 Speaking English feels completely natural.

영어를 말하는 것이 완전히 자연스럽게 느껴진다.

17 I am improving my English very quickly.

나의 영어는 매우 빨리 향상되고 있다.

18 My mind is naturally wired for learning English.

나의 마음은 영어학습에 자연스레 연결되어 있다.

19 My friends are amazed at how quickly I learn English.

나의 친구들은 내가 하도 빨리 영어를 배워 놀란다.

20 Speaking English is just a normal part of who I am.

영어를 말하는 것은 나의 일상적인 모습이다.

Think on paper

/

영어공부를 기록하는 법

규칙적으로 영어를 하는 또 하나의 좋은 방법은 영어학습일지를 쓰는 것이다. 매일 날짜가 적혀 있는 다이어리를 사서 기록해보면 영어공부의 행적이 그대로 나타난다. 조금씩이라도 매일 하는 것이 얼마나 중요한지를 알게 된다. 또 매일 한다는 것이 얼마나 어려운 것인지도 알게 된다. 단지 영어만을 위한 것이 아니라 자신의 삶을 기록하는 의미에서도 매일 자신을 돌아보고 기록하는 것은 정말 중요하다. 영어학습을 위해서 일지를 쓰다 보면 생활에 균형이 잡혀가고 시간 관리의 습관이 들게 된다.

처음 시작할 때는 그날 배운 것을 개략적으로 노트에 기록한다. 단어 하나가 될 수도 있고 한 문장이 될 수도 있다. 저녁에 기록하는 것이 좋지만 새벽에 일어나자마자 쓰는 것도 좋은 방법이다.

기록하는 습관을 갖게 되면 자신도 모르게 정확한 사람이 된다. 단어 하나를 선택할 때도 생각해야 하고 가장 적합한 것을 찾게 되기 때문이다. 그래서 글을 쓰는 것 자체가 커다란 자기 훈련이다.

'Think on paper(종이 위에 생각하라)'라는 말이 있다. 머릿속으로만 생각하면 생각의 끈이 끊어져서 하나의 주제를 가지고 깊이 생각하기가 어렵다. 이런저런 잡념이 튀어나와 일관된 생각을 방해한다. 머릿속이 정리가 되지 않아 혼란스러운 상태로는 집중력이 떨어지고 하는 일의 효과도 미미하다. 그래서 머리가 복잡할 때는 종이에 쓰면서 생각을 하는 것이 좋은 방법이다.

'영어'라는 키워드를 생각하고 공부하고 연습하는 과정을 매일매일 기록하는 습관을 가지면 영어를 잘할 수밖에 없다. 또 영어에 대해서 기록하다 보면 그 일지 자체를 영어로 쓰고 싶어지고, 영어로 쓰다 보면 영어를 더욱 잘할 수 있게 된다. 쓰는 것은 듣고 말하는 능력의 향상에도 큰 도움이 된다.

영어 일지를 꼭 영어로 시작할 필요는 없다. 기록을 시작하는 것 자체가 중요하다. 시작이 반이니까. 가볍게 시작해서 밀고 나가는 것이다.

발음이 좋아지는 하루 1분

/

포네틱 코드로 몸 풀기

이야기 내용이 중요하지 발음은 그다지 중요하지 않다고 이야기하는 사람들이 많다. 정말 그럴까?

물론 발음보다 콘텐츠가 중요한 건 사실이지만 발음이 좋지 않으면 스스로 자신감이 떨어진다. 어차피 하는 영어, 이왕이면 다홍치마라고 발음도 좋으면 금상첨화 아닐까?

원어민 수준까지는 아니더라도, 성인이 된 뒤에도 발음은 좋아질 수 있다. 영어 알파벳을 A부터 Z까지 읽는 것만으로도 발음을 획기적으로 향상시킬 수 있다. 그냥 A, B, C, D로 읽지 않고 Alpha, Bravo, Charlie와 같이 읽는다. 이것을 포네틱 코드(phonetic code)라고 하는데, 군인들이 무전으로 통화할 때 알파벳을 명확하게 주고받을 수 있도록 만든 것으로서, 유엔군을 비롯한 거의 모든 나라의 군대에서 공통적으로 사용하고 있고, 항공사를 비롯해 민간에서도 명확하게 스펠링을 알려줘야 하는 경우 많이 사용한다.

아래의 표를 보고 읽는 데 30초도 걸리지 않는다. Alpha부터 Zulu까지 읽고 다시 Zulu부터 Alpha까지 거꾸로 읽어도 1분이면 족하다. 매일 아침에 일어나서 알파벳을 한 번씩만 소리 내어 읽어도 금세 발음이 좋아지고 자신감이 생긴다. 글자에서 색으로 표시된 부분에 악센트를 넣어 발음해보자. 이 연습은 매일 하는 것이 중요하다. 가능하다면 하루에 몇 번씩 하면 더욱 좋다.

	Word	Pronunciation		Word	Pronunciation
A	Alpha	AL fa	N	November	no VEM ber
B	Bravo	BRAH voh	O	Oscar	OSS cah
C	Charlie	CHAR lee or SHAR lee	P	Papa	PAH pah
			Q	Quebec	KEH beck
D	Delta	DELL tah	R	Romeo	ROW me oh
E	Echo	ECK oh	S	Sierra	Sie AIR rah
F	Foxtrot	FOKS trot	T	Tango	TANG go
G	Golf	GO lf	U	Uniform	YOU nee form
H	Hotel	Hoh TELL	V	Victor	VIK tor
I	India	IN dee ah	W	Whiskey	WISS key
J	Juliet	JEW lee et	X	X-ray	EKS ray
K	Kilo	KEY loh	Y	Yankee	YANG key
L	Lima	LI ma	Z	Zulu	ZOO loo
M	Mike	MI ke			

YouTube에서 'phonetic alphabet'으로 검색하면 원어민의 발음을 보고 들을 수 있는 동영상이 여럿 나오니 따라 해보자.

자신이 좋아하는 단어들로 발음을 연습할 수도 있다. 단지 눈으로 보면서 입으로 읽기만 하는 것이 아니라 그 단어와 연관되는 이미지를 머릿속에 떠올리면서 읽으면 더욱 생생하게 기억되고 재미도 있다.

attitude, belief, charisma, discipline, education, faith, growth, health, inspiration, justice, kingdom, love, motivation, network, outstanding, persistence, quality, resilience, strategy, technology, understand, visualization, warrior, x-coordinate, youngster, zenith

혀 꼬이는 문장으로 혀를 풀자

tongue twister 연습하기

　'간장 공장 공장장은 강공장장이고 된장 공장 공장장은 공공장장~'이라는 문장을 말해본 적이 있을 것이다. 영어에도 이런 문장들이 있다. 이것을 'tongue twister', 즉 '혀를 꼬이게 만드는 것'이라고 부르는데, 실제로는 혀를 풀어주는 효과가 있다. tongue twister는 미국의 어린이들이 발음을 정확하게 하기 위해서 연습하는 문장인데, 어린이들뿐만 아니라 직업상 말을 많이 해야 하는 배우, 정치가, 강사들도 수시로 연습한다. 청중이 자신의 말을 보다 잘 알아들을 수 있도록 하기 위해서다.

　영어 발음을 향상시키기 위한 작은 노력을 매일 반복하는 것이 중요하다. 조금씩이라도 매일 하면 반드시 좋아진다. Alpha, Bravo, Charlie, Delta… Zulu까지 매일 반복하는 훈련과 더불어 간단하게

Tongue Twister의 예

She sells seashells by the seashore.

How can a clam cram in a clean cream can?

I scream, you scream, we all scream for ice cream.

I saw Susie sitting in a shoeshine shop.

Susie works in a shoeshine shop.

Where she shines she sits, and where she sits she shines.

Can you can a can as a canner can can a can?

I saw a kitten eating chicken in the kitchen.

If a dog chews shoes, whose shoes does he choose?

I wish to wash my Irish wristwatch.

Eddie edited it.

A big black bear sat on a big black rug.

He threw three free throws.

영어 발음에 좋은 또 한 가지 훈련은 1부터 100까지 영어로 세는 것이다.

one, two, three, four, five, six, seven, eight, nine, ten

eleven, twelve, thirteen, fourteen, fifteen, sixteen, seventeen, eighteen, nineteen, twenty

twenty-one, twenty-two ······ thirty

thirty-one, thirty-two ·········· forty

forty-one, forty-two ··········· fifty

fifty-one, fifty-two ············· sixty

sixty-one, sixty-two ··········· seventy

seventy-one, seventy-two ···· eighty

eighty-one, eighty-two ········ ninety

ninety-one, ninety-two ········ one hundred

영어로 하나부터 백까지 세보는 것이다. 언제 어디서나 연습할 수 있다. 아무것도 아닌 것 같지만 막상 해보면 그렇지 않다. 눈으로 보고 읽으면 아주 쉬운데 안 보고 하려면 처음에는 숫자가 입에서 자연스럽게 나오지 않는다. 백까지 다 하려면 어려울지도 모르니 처음에는 가볍게 20까지만 해보기 바란다. 머릿속으로 아는 것과 실제 입으로 소리내는 것 사이에 얼마나 많은 차이가 있는지를 알 수 있다.

미국영어, 영국영어가 전부가 아니다

유엔 인도-파키스탄 정전감시단(UNMOGIP: United Nations Military Observer Group in India and Pakistan)에는 우리나라를 비롯하여 유럽과 남미 7개국에서 온 40여 명의 장교와 민간인 요원이 함께 근무하고 있었다.

그런데 처음에 나는 그들이 구사하는 영어를 도무지 알아들을 수 없었다. 우리가 중고등학교에서 배웠던 미국식 영어나, 가끔 들어본 영국식 영어가 아니라 처음 들어보는 독특한 발음이었기 때문이다. 하지만 신기하게도 나만 빼고는 영어로 의사소통하는 데 아무 문제가 없어 보였다.

우리가 학교에서 배우는 영어는 대부분 미국식이다. 미국영어는 혀를 많이 굴려서 발음을 따라 하기가 어려운 편이고 듣기도 쉽지 않다. 반면에 영국영어는 상대적으로 혀를 덜 굴리고 알아듣기 쉽다는 느낌을 받았다.

유럽 사람들은 영국영어의 영향을 크게 받아서 영국영어와 유사하게 발음을 하고 또 자기 나라의 독특한 발음과 억양을 그대로 가지고 발음을 한다. 스페인 사람들은 R발음을 우리가 르르 하는 것처럼 혀가 그대로 입천장에 닿게 하여 발음한다. 또 스페인의 지배를 받았던 남미 사람들도 스페인어를 사용하기 때문에 비슷한 발음을 한다.

호주와 뉴질랜드 사람들은 발음이 참 독특하여 처음에는 잘 들리지 않는데, 특히 에이 발음이 나는 단어는 아이로 발음하기 때문에 한동안 알아듣기 어려웠다. Monday도 먼다이라 하고 today를 투다이라고 해서 두 명이 죽는다는 소린가 할 정도였다.

영국의 식민지였던 인도와 파키스탄은 영어가 공용어이지만 영어의 억양이나 인토네이션을 정확하게 사용하지 않아서 처음에는 굉장히 알아듣기 어렵다. 저 사람들이 영어를 하고 있는 건지 알 수 없을 정도다. 그런데도 미국이나 영국 사람들은 그들의 말을 제대로 알아듣는 것이 신기했다. 그들의 영어도 많이 듣다 보면 익숙해져서 귀에 들어온다.

유엔은 인종의 전시장이기도 하고 언어의 전시장이기도 하다. 유엔의 공용어는 6개 국어로 영어, 프랑스어, 스페인어, 러시아어, 중국어, 아랍어 등이다. 이 중에서 가장 많이 쓰이는 언어가 영어인데 영국영어다. 여기서 영국영어라고 말하는 것은 문서를 작성할 때 영국영어를 사용한다는 의미다. 발음을 통제할 수는 없으니까. 예를 들어 미국영어에서는 organize라고 쓰고 영국영어에서는 organise라고 쓰는데, 유엔의 모든 공식 문서에서는 영국영어를 쓰고 있다.

- 4 -

영어 좀
가르쳐줄래요?

고수들의 학습 방법 &
이용재가 권하는 학습 방법

영어에 왕도는 없다?

한승주 전 외무장관의 영어학습법

혹시 당신 주변에 글 쓰는 것이 직업인 작가, 신문사 기자나 논설위원, 칼럼니스트가 있다면 글 쓰는 것이 쉬운지 어려운지 한번 물어보라. 쉽다고 대답하는 사람이 있다면 그 사람은 천재이거나 거짓말쟁이거나 글을 대충 쓰는 사람일 가능성이 높다.

우리나라 말로 글을 쓰는 것도 쉽지 않은 일인데 남의 나라 말로 글을 쓴다는 것은 얼마나 어려운 일일까? 외국어로 유창하게 말하는 사람은 드물지 않지만 외국어로 글까지 잘 쓰는 사람은 매우 드물다. 일상적으로 주고받는 편지나 메일, 사무적인 글이 아니라 권위 있는 신문이나 잡지에 자신의 견해를 밝히는 글을 영어로 쓰는 사람을 본 적이 있는가? 한승주 전 외무부 장관이 바로 그런 사람이다. 그는 뉴욕타임스, 인터내셔널 헤럴드 트리뷴, 뉴스위크에 칼럼을 쓸 정도로 고급 영어를 구사하는 것으로 널리 알려져 있다. 뉴스위크에는 무려 10년 동안 칼럼을 연재했다. 그는 자신의 회고록 〈외교의 길〉에서 자신의 영어학습법을 다음과 같이 소개했다. (괄호 안은 필자의 의견)

첫째는 학교에서 선생님에게서 배우는 문법, 작문 등을 열심히 공부하는 것이었다. (문법은 필요없다고 말하는 사람도 있지만 그것은 모국어로 배울 때의 이야기이고 성인이 된 다음에 외국어로 배울 때는 어느 정도의 문법은 반드시 알아야 한다. 우리말을 할 때도 몇 마디 해보면 배운 사람과 못 배운 사람을 쉽게 구분할 수 있다. 사용하는 어휘나 구문에서도 차이가 나지만 어법에서도 차이가 난다. 단수와 복수를 구분 못하고 시제가 틀리는 영어를 구사한다면 교양 있는 사람으로 대접받을 수 있을까? 교양 있는 영어를 구사하려면 문법 지식이 바탕이 되어야 한다는 것은 두말할 필요가 없을 것이다.)

둘째는 원어민 영어선생을 구하는 일이었다. 당시는 지금처럼 원어민이 있는 영어학원이 따로 없었을 때였다. 친구 몇 명이 당시 종로 5가 오장동에 있던 미군 통신부대(Signal Corps) 앞에서 지나가는 한 미군에게 영어를 가르쳐줄 수 있느냐고 서툰 영어로 물어보았다. 마침 운이 좋았는지 미국 메인(Maine)주에서 사범대학에 다니던 리처드 콜(Richard F. Call)이라는 군인을 만났는데, 그가 영어를 가르쳐주겠다고 응답했다. 그는 보수도 거의 없이 2년여 동안 일주일에 닷새 정도 저녁마다 한두 시간씩 헌신적으로 영어를 가르쳐주었다. 그는 영어뿐만 아니라 미국의 문화와 생활양식에 대해서도 많은 것을 가르쳐주었다. (지금은 원어민 강사를 쉽게 만날 수 있을 뿐 아니라, 스마트폰 하나만 있으면 미국 대통령 등 세계 정상급의 강사들로부터 얼마든지 공짜로 영어를 배울 수 있다. 여기서 중요한 것은 적극적인 자세다. 생면부지의 외국인에게 영어를 가르쳐줄 수 있겠느냐고 물을 수 있어야 한다.)

셋째는 방송을 듣는 것이었다. 주로 주한미군을 대상으로 하는 라디오 방송인 AFKN(American Forces Korea Network)을 많이 들었다. 때때로 영화를 보기도 했는데, 당시 중학생은 단체관람 외에는 영화관 출입이 금지되어 있었으므로 영화를 본다는 것이 그다지 쉬운 일은 아니었다. 그러나 기회가 될 때마다 같은 영화를 되풀이해 관람하면서 대사를 외우다시피 했다. 미키 루니와 어린 엘리자베스 테일러가 나오는 〈녹원의 천사(National Velvet)〉를 보고 열광하기도 했고, 로버트 테일러와 비비안 리가 나오는 〈애수(Waterloo Bridge)〉를 보며 가슴 아파하기도 했다. (지금은 스마트폰 하나만 있으면 다양한 영어 방송과 영화를 얼마든지 볼 수 있다. 여기서 중요한 것은 같은 영화를 되풀이해 관람하면서 대사를 외울 정도가 되어야 한다는 것이다.)

넷째는 당시 선배들이 만들어놓은 SCC(Students' Cultural Club)라는 영어회화클럽에 참여하는 것이었다. 토론과 오락은 물론 일상적인 대화에 이르기까지 영어만 사용하는 모임이었다. 요즘 말로

하자면 언어 집중훈련학교(immersion school)에 해당하는 경험이
있는데, 일상생활에 필요한 영어를 익히는 데 많은 도움을 주었다.
(당신도 마음만 먹으면 친구나 가족들과 영어를 훈련할 수 있다.)

　점수 따기 영어에 급급한 나머지 정작 의사소통에는 취약한 우
리나라 젊은이들을 위해 한 전 장관은 이렇게 조언한다.

1　문장을 많이 외울 것.
2　말을 하다가 틀리면 그대로 지나치지 말고 다시 바로잡을 것.
3　천천히, 바르게 말하는 것이(말이든 글이든) 빨리, 틀리게 하
　　는 것 보다 백배 낫다.

　모든 사람이 한 전 장관 수준으로 영어를 잘하기도 어렵고 그럴
필요도 없지만 영어를 잘하기 위한 기본적인 방향은 다르지 않다.
그는 "반복 학습만이 영어 실력을 키우는 비결"이라고 말한다. 너무
간단한가? 진리는 먼 곳에 있지 않다. '우리말보다 영어가 더 유창
하다'는 말을 들을 정도지만 그의 영어학습은 아직도 현재진행형이
다. 계속해서 훈련하지 않으면 퇴보한다는 것을 누구보다도 잘 알기
때문이다.

그녀는 쇼를 했다

토종 영어대가들의 학습 방법

우리나라에도 입지전적인 인물들이 적지 않다. 원어민 못지않은 실력을 자랑하는 이보영, 문단열, 샤이니(김재영), 이원기 전 뉴스위크 한국판 편집장, 토익으로 유명한 김대균 등 영어로 먹고사는 사람들 가운데 의외로 유학 한 번 다녀오지 않은 국내파가 적지 않다. 산림청의 김경수 해외자원담당관은 영어를 전공하지도 않은 순수 국내파이지만 45세의 나이에 치열한 경쟁을 뚫고 국비로 유학, 캐나다에서 석사학위를 받고 UNCCD(유엔 사막화방지협약) 등 국제기구에 근무하기도 했다. 김경수 씨는 "영어도 다이어트와 비슷하다. 꾸준함이 성공 비결이다. 매일매일 하루도 쉬지 않고, 시간이 날 때마다 지속적으로 학습하면 1년 내에 반드시 영어의 고통에서 해방될 수 있다"고 주장한다. 구체적인 학습법을 묻자 "매일 하루

세 번 식사 후 영어 한 문장씩 외우면 하루에 세 문장, 한 달이면 90개, 1년이면 1,095개, 5년이면 5,000개 이상의 문장을 외우게 된다. 영어를 못할 수가 없다"고 대답한다. 이들의 공통점은 평소 꾸준히 갈고닦은 영어 실력을 바탕으로 자신의 영역을 개척할 수 있었다는 것이다.

김재영 씨는 아버지의 사업이 망하는 바람에 컨테이너 가건물에서 살 정도로 가난했지만 '테이프가 늘어지도록' 영어 듣기에 열중한 결과 '원어민보다 더 원어민 같다'는 평가를 받을 정도로 영어가 능통하다. EBS 영어강사로 10년째 활약하고 있는 그의 이야기에는 특별한 것이 있다.

김재영 씨는 중학교 입학 후 한 학기가 다 지나도록 단어를 읽는 법조차 몰랐다고 말한다.

"중학교 1학년 때 집에서 뒹굴던 라디오를 우연히 켰다가 팝가수 글렌 메데이로스의 노래를 듣게 됐어요. 참, 말도 안 되는 게 노래를 들으면서 저 가수랑 결혼을 하고 싶다는 생각이 들었어요. 감수성 예민한 십대 시절에 나를 구해줄 왕자처럼 느꼈던 거죠. 우습지만 그때부터 글렌 메데이로스랑 결혼할 목적으로 무작정 영어공부를 하기 시작했어요."

요즘 세계 어디를 가나 한국어를 할 줄 아는 외국인을 흔히 볼 수 있다. 우리나라 경제가 발전한 영향도 어느 정도 있겠지만 한류에 반해서 한국어를 공부하게 된 경우도 많다. 좋아하면 관심을 갖게 되고, 관심을 갖게 되면 잘하게 된다. 김재영 씨가 바로 그런 경우다.

그녀는 이후 교과서 지문이 녹음된 테이프를 선생님께 빌려 듣기 시작하면서 테이프가 늘어질 만큼 영어 듣기에 몰입했다. 그리고 라디오 영어 방송을 찾아 들으며 멋지다고 생각하는 문장을 적어 등·하굣길에서 연습했다.

중요한 것은, 그녀가 쇼(performance)를 통해 영어를 익혔다는 점이다. 그녀의 말이다.

"학교를 오가는 데 쓸 버스비도 부족했어요. 그래서 걸어서 왕복 40분이 걸리는 등·하교 시간을 영어공부하는 데 쓰기로 했죠. 단순한 암기가 아니라 실제 원어민처럼 말하고 풍부하게 표현해보려고 했어요. 매일 연기하듯이 1인 2역, 때로는 1인 다역을 하면서 다양한 상황을 감정을 담아 표현했죠. 어차피 논과 밭을 지나서 가는 시골길이라 볼 사람도 별로 없고 부끄러울 것도 없었어요. 하지만 나중에 들은 이야기로는 혼자서 매일 이상한 말을 하고 다니는 저를 보고 '저 학생 미쳤다'는 소문도 돌았다고 하더라고요."

(김재영 씨에 관한 이야기는 2017년 2월 16일자 매일경제 기사를 참조했음)

영어, 마윈처럼 하면 된다

/

마윈의 성공 비결

　학벌, 재산, 집안 배경 등 무엇 하나 내세울 만한 게 없던 마윈의 성공 비결은 무엇일까? 해외 유학도 한 적 없는 그가 영어를 자유자재로 구사하게 된 비결은 무엇일까?

　중국의 전자상거래기업 알리바바가 뉴욕 증시에 상장되면서 마윈은 세계 최고의 부자, 기업가로 세상에 알려졌다. 1999년 Alibaba.com을 설립하여 16년 만에 세상을 놀라게 한 것이다. 그의 끊임없는 도전과 기업가 정신, 그리고 전설적인 성공이 세상 사람들을 사로잡았다. 그런데 어려서는 공부도 못했고 대학 시험에 두 번이나 떨어져 항저우에 있는 사범대학에 겨우 들어갔다.

　대학 졸업 후에도 취업을 못하여 고생하다가 대학에서 영어강사를 하며 근근이 생계를 꾸리다가 번역회사를 만들어 일하던 중 인터넷을 알게 되어 새로운 삶을 시작했다.

그의 스토리에서 눈길을 끄는 것은 그의 영어다. 그의 영어는 쉽고 명쾌하다. 어려운 단어를 사용하지 않는다. 그의 말에는 중학교 수준을 넘어서는 단어가 거의 없다. 누구나 알아들을 수 있는 쉬운 말을 사용하면서 자신의 의사를 충분히 표현한다. 문법적으로 맞지 않는 표현들도 많고 주어와 동사가 일치하지 않는 것도 많고 시제가 맞지 않는 경우는 더욱 많다. 발음이 별로 좋지 않지만 자신감이 넘치고 말에 거침이 없다. 그래서 문법적으로 맞지 않는데도 듣는 사람들이 알아서 이해하게 만든다.

마윈이 인터뷰하는 영상을 보면 말귀를 잘 알아듣지 못하는 경우도 제법 있다. 그러나 그게 결정적인 것이 아니면 다시 묻지도 않고, 자기가 하고 싶은 말을 그냥 해버린다. 야후(Yahoo)의 공동 창업자인 제리 양(Jerry Yang)은 "마윈은 질문을 받으면 질문에 대답을 하지 않고 자기가 하고 싶은 말만 한다"고 장난스럽게 말하기도 했다.

마윈의 영어는 우리가 영어를 공부할 때 단어에 매달리거나 문법에 목숨을 걸지 말고 자기가 표현하고자 하는 메시지를 선명하게 하는 것이 무엇보다 중요하다는 것을 알려준다. 자기의 핵심 메시지를 정확하게 말로 표현하는 연습을 하는 것이 영어 정복의 핵심임을 깨닫게 한다.

마윈은 영어를 혼자서 배웠다고 한다. 12살 때 항저우의 서호(西

湖)에 있는 관광호텔에서 외국인들에게 무료로 관광 가이드를 해주면서 영어를 배웠다. 그는 영화를 좋아하는데, 특히 〈포레스트 검프(Forrest Gump)〉를 좋아한다고 한다. 인터뷰에서 "당신의 영웅은 누구냐?"고 묻자 포레스트 검프라고 말했다. 그는 가상의 인물이 아니냐고 하자, 그렇지만 자기는 그의 단순한 삶의 자세와 절대 포기하지 않는 정신을 좋아하며 거기서 커다란 인생의 교훈을 얻었다고 말했다.

마윈의 영어는 늘 메시지가 간결하고 정말 쉬우면서 마음에 남는 경구들이 많아 기억하기 좋다. 대부분 한 입에 쏙 들어갈 만한 표현들(bite-sized messages)로 청중을 사로잡는다.

"Believe in your dream and believe in yourself."

"Learn from others the tactics and the skills, but don't change your dream."

이렇게 간명한 메시지는 듣는 사람들을 편안하게 하면서 말을 준비하는 자신에게도 좋다. 자신의 메시지가 항상 선명하기 때문에 따로 준비하고 외울 필요가 없다. 그래서 그는 손에 아무것도 든 것 없이 즉석연설처럼 말한다.

Never give up!

If you don't give up, you still have a chance. Giving up is the greatest failure.

Today is hard, tomorrow will be worse, but the day after to-
morrow will be beautiful.

I don't want to be liked. I want to be respected.

The most important thing you should have is patience.

The hero I had is Forrest Gump.

Alibaba is an ecosystem that helps small business to grow.

My job is to help more people have jobs.

Opportunity lies in the place where the complaints are.

나는 마윈이 지금과 같이 크게 성공할 수 있었던 가장 근본적인
기초는 영어였다고 생각한다. 새벽 다섯 시에 관광호텔에 가서 무
료 관광 가이드를 해주면서 배운 영어가 그의 인생의 문을 열어준
것이다. 영어를 통해 시선이 중국을 벗어날 수 있었고, 인터넷을 접
하게 되었으며, 대학 영어강사로 일하다가 인터넷 비즈니스를 시작
할 수 있었다. 게다가 영어로 세상과 자유롭게 소통하고 각종 미디
어에 과감하게 출연하여 적극적으로 자신과 알리바바를 알림으로
써 천문학적인 광고비를 절감하면서도 그 이상의 홍보 효과를 얻어
내고 있다.

중국어는 어순이 영어와 같아서 중국 사람들이 영어를 잘한다는
말을 한다. 그러나 그들에게도 영어가 어려운 이유가 많다. 중국어
에는 시제가 없어서 영문법의 현재, 과거, 미래, 현재진행, 현재완

료, 과거진행, 과거완료, 미래진행, 미래완료 등 때문에 머리 아프기 짝이 없다는 것이다. 그래서일까. 마윈의 영어를 들어보면 현재시제를 제외하고 과거와 미래를 구분하지 않고 말하는 경우가 대부분이다. 그런 그가 크레이지 잉글리시(Crazy English)로 선풍을 일으킨 리양(Li Yang)보다 영어를 더 잘 가르친다고 말했다고 한다.

마윈은 우리에게 문법에 잘 맞지 않더라도 명확한 메시지를 갖고 자신감 있게 자신을 표현하고 소통하는 것이 가능하고 또 중요하다는 것을 보여준다.

강경화 외교부 장관의 영어

강경화 외교장관의 영어를 보면 느끼는 점이 많다. 영어를 배우는 입장에서 몇 가지를 살펴보자.

첫째, 쉬운 영어로 말한다. 강 장관의 인터뷰를 들어보면 어려운 단어를 거의 사용하지 않는다. 어려운 이슈를 쉬운 말로 표현하는 것이 고급 영어이고 잘하는 영어다. 그녀는 커뮤니케이션을 공부한 사람으로서 어떻게 하면 유엔의 복잡하고 머리 아픈 이슈들을 일반인들이 알기 쉽게 설명할 것인가에 가장 신경을 썼을 거라는 생각이 든다.

둘째, 자기 목소리의 장점을 최대한 살려서 말한다. 강 장관은 보통 여성들보다 약간 낮은 톤의 목소리를 갖고 있다. 그런 목소리를 이용하여 차분하게 메시지를 전달함으로써 자연스럽게 신뢰감을 주고 카리스마를 느끼게 만든다.

셋째, 미국영어와 영국영어를 절묘하게 믹스하여 듣기 쉽게 발음한다. 미국영어는 너무 혀를 굴리는 느낌을 주고 영국영어는 조금 딱딱한 느낌을 주는데 그녀의 발음은 그 중간 정도여서 듣기에 편하다. 미국에서 공부하고 영국영어를 사용하는 유엔에서 오랫동안 일하면서 자연스럽게 몸에 배었을 것이다.

넷째, 영어는 말로만 하는 것이 아님을 보여준다. 스피치는 곧 퍼포먼스임을 누구보다 잘 아는 그녀는 외모, 제스처, 액세서리까지 세심하게 신경을 쓰는 것이 눈에 띈다. 미국 매사추세츠대학교 대학원에서 커뮤니케이션 전공으로 박사학위를 받은 사람답게 토털 커뮤니케이션을 온몸으로 보여준다.

다섯째, 빨리 말하지 않는다. 영어에 부담을 갖고 있는 사람들은 대부분 말할 때 서두르고 목소리의 톤이 높아지는 반면 강 장관은 자기가 편한 속도로 말함으로써 안정감을 주는 영어를 한다.

여섯째, 메모 활용에 능숙하다. 원어민과 비교해도 전혀 손색이 없는 실력이지만 만일의 말실수를 예방하기 위해 늘 자신의 메시지 포인트를 확인한다.
공인의 말에는 책임이 따른다는 사실을 인식하고 있는 것이다.

폭발하는 TNT 영어

　　운동선수들이나 영화배우 등 유명인들이 영어로 인터뷰하는 것을 TV에서 자주 볼 수 있다. 박지성이나 김연아가 영어를 하는 걸 보면 발음도 좋고 말도 조리 있게 잘한다. 자기 분야에서 쌓은 실력과 인기가 주는 자신감이 중요한 요소로 작용하기도 하겠지만, 또 하나의 중요한 요소는 그들이 '영어로 생각한다'는 것이다.

　　그들의 인터뷰를 보면 영어를 듣고, 머릿속에서 그걸 우리말로 번역하고, 우리말로 답변을 준비하고, 그걸 다시 영어로 번역해서 답변한다는 생각이 들지 않는다. 영어로 생각하는 훈련이 되어 있다는 것을 알 수 있다.

　　그들은 운동을 통해서 연습이 얼마나 중요한 것인가를 누구보다 깊이 체득한 사람들이다. 영어 말하기는 철저하게 연습해서 숙달해야 하는 기술이라는 것을 알기 때문에 자신의 생각과 느낌을 표현하는 문장을 수백 번씩 연습했을 것이다. 세계 정상급 선수들이 영어만 공부할 수 있는 시간이 많을 리는 만무한데도 말이다.

그들은 승리한 자신의 모습을 그리면서 연습을 했을 것이다. 그게 바로 시각화(visualization)다. 영어로 인터뷰를 하는 것 역시 시각화를 하면서 연습했을 것이다. 영어로 생각하고 영어로 말하고. 또 그들은 운동선수들답게 연습은 실전처럼 하고 실전에서는 연습하듯이 가볍게 하는 것이 몸에 밴 사람들이기 때문에 영어도 똑같이 적용해서 연습하고 말한다.

영어로 생각하는 훈련은 처음에는 어색하지만 오래지 않아 숙달될 수 있다. 눈에 보이는 것들을 영어 단어와 문장으로 떠올려보고 그걸 혼잣말로 중얼거리는 것이다. 무슨 말을 하고 싶은데 잘 나오지 않으면 생각을 해봐야 한다. 나는 무슨 말을 하고 싶은가? 내가 전달하고 싶은 메시지의 키워드는 무엇인가? 한 문장으로 표현하면 무엇인가? 이런 질문들을 영어로 자신에게 물어보는 것이다. What do I want to say? What is my message? What is the keyword of my thought? 이렇게 하는 것이 영어로 생각하는 것이다.

영어로 상황을 생각하고 거기서 내가 말하고자 하는 것이 무엇인지 미리 영어로 생각을 정리한다. 그 훈련이 반복되고 축적되면 자동적으로 영어로 생각하고 그 생각을 바로 영어로 말하기 때문에 더듬거리고 망설일 필요가 없어진다. 영어를 듣고 우리말로 번역하고 그에 대한 나의 생각을 우리말로 해서 다시 영어로 번역하는 식으로 말하는 것은 시간도 너무 걸리고 에너지가 너무 소모되어 금방 지치고 만다. 그래서 평소에 영어로 생각하는 훈련을 해두어야 한다.

Think in English and talk in English!(영어로 생각하고 영어로 말하라!)

이걸 줄이면 Think and talk in English이고 더 줄이면 TNT English가 된다. 이렇게 훈련하면 영어는 TNT가 폭발하듯이 영어 말하기가 폭발적으로 향상된다. 박지성이나 김연아 선수의 영어는 TNT 수준이다.

- 5 -

영어는
나(I)로부터 시작한다

자기소개 · 사명선언서

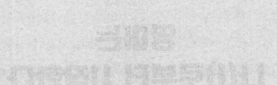

영어의 시작은 자기소개

자기소개에 자주 쓰이는 문장 10가지

영어로 자기소개만 잘할 수 있어도 영어에 대한 자신감이 확 올라간다. 자기소개는 1분 내외 정도면 충분하다. 자기소개 문구를 하나 만들어놓고 그걸 상황에 맞게 줄이거나 늘려서 말하면 된다.

우리말로 하는 자기소개도 상황에 맞게 적절한 길이로 잘하는 것은 쉽지 않다. 더구나 영어로 자기소개를 하는 것은 더욱 부담스럽다. 영어로 자기소개를 자연스럽게 하기 위해서는 미리 자기소개 글을 만들어놓아야 한다.

자기소개는 self-introduction이다. 멋진 자기소개는 killer self-introduction이라고 한다. '죽여주는 자기소개'라고 할 수 있다. 자기소개에 기본적으로 포함될 수 있는 문장들을 살펴보자.

1 Hello. My name is _____ .

괄호 안에 자기 이름을 넣으면 된다.

2 I am a _____ .

나의 직업은 _____이다. high school teacher, computer programmer, medical doctor, military officer와 같이 자기 직업을 말하면 된다.

3 I like _____ .

나는 _____를 좋아한다. watching movies, fishing 등 취미를 말한다.

4 I live in _____ .

나는 _____에 삽니다. Korea 등 나라 이름, Seoul 등 도시 이름을 말한다.

5 I play _____ .

나는 _____를 한다. tennis, golf, football 등 운동 종목을 말할 수 있다. I like playing tennis처럼 테니스 하기를 좋아한다고 말할 수도 있다.

6 I (don't) like _____ .

나는 무엇을 좋아한다(좋아하지 않는다)는 말이다. vegetable, meat 등을 넣을 수 있다.

7 My favorite color(or food) is _____ .

내가 가장 좋아하는 색깔(또는 음식)은 _____라고 말한다.

색깔은 blue, yellow, red 등을 들 수 있고, 음식은 불고기,
steak 등 좋아하는 음식을 말한다.

8 I have a _____ .

나는 _____이 있다. 강아지나 고양이 등 반려동물이 있다는
식으로 말한다.

9 I am the _____ .

나는 _____이다. 직장에서라면 sales manager 등 자기의 직
책을 말한다.

10 _____ to meet you.

만나서 _____하다. Nice, Pleased 등의 말을 넣어서 말한다.

이와 같이 간단한 문장 10개만 제대로 기억해두어도 거의 모든
자리에서 자기소개를 할 수 있다. 자기소개를 해야 하는 상황에서
자연스럽게 나오도록 평상시에 반복해서 연습해둬야 한다. 우리말
로 즉흥 연설을 아주 잘하는 사람들도 대부분 미리 생각해두고 연
습해서 하는 것이다. 영어를 자연스럽게 하기 위해서는 더욱 준비
가 필요하다.

스피치 달인이 되려면 이것부터

자기소개 스피치 만들기

나는 어떤 사람인지 자신 있게 이야기할 수 있는가? 만일 나 자신에 대해서도 이야기할 수 없다면 무엇에 대해 이야기할 수 있을까?

가장 설득력 있는 이야기는 자신의 삶이 들어 있는 스토리다. 라이프 스토리는 자신이 삶을 살아온 역사이고 삶과 세상을 대하는 나의 관점과 해석을 보여주는 것이다. 세상에 하나밖에 없는 이야기이기 때문에 다른 사람들에게 큰 교훈과 감동을 줄 수 있다.

자기소개 스피치 하나만으로도 영어 말하기를 완성할 수 있다. 자신에 대해서, 자신과 관계되는 사람·사건·환경에 대해서, 자신이 좋아하고 싫어하는 것에 대해서, 자신의 과거와 미래에 대해서 이야기하는 것이기 때문이다. 그 사람의 자기소개를 들어보면, 그 사람이 자신에 대해서 어떻게 생각하는지, 세상을 보는 관점이 어떤

지, 가치관이 어떤지, 어떤 자세로 삶을 대하는지를 알 수 있다. 그래서 거의 모든 면접에서 면접관이 가장 먼저 하는 질문이 자기 자신에 대해서 말해보라는 것이다.

"Please tell me something about yourself."

하지만 뻔히 이런 요청이 있을 거라는 것을 알면서도 면접에서 자기소개를 정말 잘하는 사람은 많지 않다. 짧은 시간에 상황에 맞는 내용을 간명하면서도 중요한 포인트를 짚어가며 말해야 하기 때문이다. 이런 스피치가 정말 어려운 것이다. 그래서 자기소개를 잘할 수 있는 사람은 스피치의 달인이 될 수 있다. 짧은 스피치를 잘하는 사람은 긴 스피치도 잘할 가능성이 높다. 짧은 말을 하면서도 중요한 포인트를 놓치지 않을 만큼 훈련이 된 사람이기 때문이다. 영어 speaking을 잘하고 싶다면 평소에 5분 정도 분량의 자기소개 스피치를 만들어놓고 완벽한 영어로 구사할 수 있도록 준비하자. 그것을 그때그때의 상황에 맞게 줄이고 조정하면 된다.

다음의 샘플을 참조하여 자신에게 맞는 자기소개 스피치를 만들어보자.

대학생

Hello! My name is John and I live in Seoul, Korea.

I am a sophomore English major at Korean Cultural University.

I was born and raised in Seoul and have a sister.

I hope to be a high school English teacher someday.

I spend most of my free time after school at home studying English, watching TV and listening to music.

직장인

Hello, my name is Peter Lee. I was born and brought up in Seoul, Korea.

I am the head of the customer service department, the Pacific Electronics.

I am in charge of the overall customer satisfaction with our company's products.

My hobbies are playing golf, tennis, and mountain climbing.

I have been married for ten years and have two children.

군인

Hello, I am Captain Kim from Korean Army.

I was commissioned in 2010 as an infantry officer from Korea Military Academy.

I am commanding a rifle company in the 1st Infantry Division in the Northwestern area of Seoul.

I want to serve in the United Nations as a member of UN

Peacekeeping Mission in Africa.

I have been married for five years and have one son.

I spend most my free time with my family because I may be deployed without family at any time for a mission.

은퇴자

My name is Susan and I turned 60 years old this month.

I was born and raised in Busan, but moved here to Seoul twenty years ago with my family.

I have dedicated my life to helping others. For 30 years I was a professional nurse at a hospital. I began my career as a nursing officer in the military. Since I got retired from the military, I have been a school nurse for 10 years. And now I am enjoying my time with family and friends.

영어도 바뀌고 사람도 달라지고

/
사명선언서로 말하기 연습

혼자서 말하기 연습을 할 수 있는 방법 중의 하나는 자신의 사명선언서(mission statement)를 만들어 매일 연습하는 것이다. 사명선언서는 많은 자기계발서에 소개되어 누구나 한 번쯤은 들어봤겠지만 실제로 그것을 써서 가지고 다니는 사람은 많지 않다. 영어로 자신의 사명선언서를 써서 가지고 다니는 사람은 더욱 드물다.

영어로 사명선언서를 써두고 수시로 연습한다면 영어를 잘할 수밖에 없다. 또 그런 사람들은 영어는 물론 삶의 다른 분야에서도 빠르고도 지속적으로 성장할 수 있을 것이다.

다음은 세계적으로 유명한 자기계발 작가이며 연설가(public speaker)인 브라이언 트레이시(Brian Tracy)가 자신의 책에서 예로 든 사명선언서다.

I am an outstanding human being in every respect. I am honest, kind, loving, loyal and true to my family, friends, and everyone who knows me. I am a positive, optimistic, confident, warm and friendly person who is admired and respected by everyone. I am an excellent parent, a fine employer. And I do my work in outstanding fashion every single time. I uplift, encourage and inspire everyone I meet everywhere I go.

나는 모든 면에서 탁월한 사람이다. 나는 가족과 친구, 또 나를 아는 모든 사람들에게 정직하고 친절하며, 다정하고 충직하고 진실한 사람이다. 나는 긍정적이며 낙관적이고 확신에 차 있고 따뜻하고 친절한 사람이며 모든 사람들로부터 사랑과 존경을 받는 사람이다. 나는 좋은 부모(엄마 또는 아빠)이고 좋은 고용인이다. 항상 일을 뛰어나게 처리한다. 어디서 누구를 만나든 나는 그 사람들을 향상시키고, 용기를 북돋우며, 영감을 준다.

이것을 그대로 당신의 사명선언서로 써도 된다. 물론 '아, 이건 내가 그냥 쓰기에는 너무 과장된 것 같다'는 느낌이 들 수도 있다. 그러나 사명선언서는 자신이 되고자 하는 최고의 모습을 그리는 것이기 때문에 최대한 멋지게 써도 된다.

사명선언서는 자신의 꿈과 희망, 비전을 구체적으로 기술하는 것이므로 단지 영어 연습을 하는 것으로 그치지 않는다. 자기 암시이고 선언이며 자신과의 약속이 된다. 그것을 글로 쓰고 말로 하면서 머릿속에 그리고 행동으로 옮기다 보면 그런 모습으로 변해간다. 처음에는 어색하고 낯설게 느껴지지만 차츰 익숙해진다.

문장이 당신을 만든다

나만의 사명선언서 만들어보기

앞의 예문을 참고하여 나의 사명선언서를 만들어보자.

I am an outstanding human being in every respect(나는 모든 면에서 탁월한 사람이다).

이 첫 문장은 나는 어떤 사람이라는 것을 개괄적으로 말하고 있다. outstanding은 excellent로 바꾸어 쓸 수 있고 human being은 person, woman, man 등으로 말하거나 engineer, technician, teacher, salesperson, student 등 구체적인 직업을 써도 된다.

I am honest, kind, loving, loyal and true to my family, friends, and everyone who knows me(나는 가족과 친구, 또 나를 아는 모

든 사람들에게 정직하고 친절하며, 다정하고 충직하고 진실한 사람이다).

이 문장은 내가 다른 가족과 다른 사람들을 어떻게 대하는지를 표현하는 말이다. 성격을 표현하는 다양한 형용사들 중에서 자신을 가장 잘 표현하는 말을 골라서 쓰면 된다. 자신뿐만 아니라 다른 사람들의 좋은 성격을 표현할 때 다음과 같은 단어들을 사용하면 말하는 사람의 성품까지 좋아 보이게 한다.

friendly(친절한), gentle(온화한, 신사적인), cordial(정중한), courteous(예의 바른), considerate(사려 깊은), thoughtful(생각이 깊은), amiable(다정한, 정감 있는), sincere(진심 어린), reliable(믿을 수 있는), trustworthy(신뢰할 수 있는), fair(공정한), caring(배려하는), earnest(성실한, 진심 어린), faithful(충실한), generous(관대한), warm(따뜻한, 훈훈한), truthful(진실한).

I am a positive, optimistic, confident, warm and friendly person who is admired and respected by everyone(나는 모든 사람들로부터 사랑과 존경을 받는 긍정적이며 낙관적이고 확신에 차 있고 따뜻하고 친절한 사람이다).

이 문장은 삶을 대하는 태도와 사람됨을 표현하고 있는데, 지나치게 과장된 것으로 들릴 정도이지만 미래의 모습으로 그리기에 좋으므로 그대로 써도 좋다고 생각한다. cheerful(쾌활한),

courageous(용감한), empowering(힘을 돋구는), assured(자신감 있는), affable(상냥한), intimate(친밀한), companionable(다정한) 등 다른 표현을 골라서 쓸 수 있다.

I am an excellent parent, fine employer. And I do my work in outstanding fashion every single time(나는 좋은 부모(엄마 또는 아빠)이고 좋은 고용인이다. 항상 일을 뛰어나게 처리한다).

여기서 자신의 역할에 따라 다른 단어를 사용하면 된다. professor(교수), student(학생), programmer(프로그래머), medical doctor(의사), scientist(과학자), astronaut(우주비행사) 등 자신의 직업이나 직책을 넣으면 된다.

I uplift, encourage, and inspire everyone I meet everywhere I go(나는 어디서 누구를 만나든 그 사람들을 향상시키고, 용기를 북돋우며, 영감을 준다).

브라이언 트레이시는 대중 연설가이기 때문에 이렇게 말한 것이다. 이 문장은 각자 자기의 일을 묘사하는 문장으로 바꿀 수 있다. 대학생이라면 이렇게 말할 수 있다.

I always do my best to study and research the subjects of my major to gain the highest expertise.

사명선언서를 처음 읽을 때는 어색하고 어렵게 느껴질 수 있지만 반복해서 읽다 보면 곧 익숙해지고 자연스러워지며 그 문장들이 나의 일부가 된다. 좋은 말을 생각하고 듣고 말하고 그걸 실천하다 보면 우리는 그런 사람이 되어 간다.

We become what we think, speak, and do.

- **6** -

원서 한 권
읽어봤니?

무엇을, 어떻게 읽을 것인가

당신은 이미 많은 것을 알고 있다

나의 영어 능력을 지렛대로 삼기

영어를 듣고 읽고 말하고 쓰는 것을 모두 잘하는 것이 가장 이상적이고 궁극적인 지향점이지만 공부를 해나가는 과정에서는 균형을 이루기가 쉽지 않다. 균형이 반드시 필요한 것도 아니다. 그래서 자신이 가장 잘하는 것을 중심으로 발전시켜서 그것을 지렛대 삼아 전체적인 실력이 향상되도록 해야 한다.

대개 우리나라 사람들은 문법에 강하고 어휘가 풍부한 편이기 때문에 그것을 활용하면 듣기와 말하기도 굉장히 빨리 향상시킬 수 있다. 문법과 어휘는 영어에서 공부의 대상이고 듣고 말하는 것은 훈련의 대상이다. 지금까지 공부는 많이 한 반면 훈련에 투입한 시간이 적은 탓에 말하기와 듣기가 약한 것이므로 지금부터 훈련에 시간과 노력을 투입하면 반드시 좋아지게 되어 있다.

영어 방송, 드라마, 영화 등을 거의 완벽하게 알아들으면서도 말하는 것은 서툰 사람들이 있고, 전문적인 논문을 읽고 쓸 수 있지만 말하는 것은 어려워하는 사람들도 있다. 외국에서 박사학위를 하고 돌아와서도 영어 말하기가 서툰 사람들도 있는데, 그건 그들에게 문제가 있어서가 아니라 치열하게 학업에 집중하느라 말하기를 연습할 시간이 부족했기 때문이다. 골프 한 번 치지 못하고 연구에 매진하는 경우가 대부분이다. 그렇게 하지 않으면서 제대로 학위를 하는 것은 사실상 불가능하기 때문이다.

이들의 읽는 능력은 엄청난 수준이다. 엄청난 독서량을 소화해서 핵심 내용을 요약하고 정리하여 논리를 만들어가는 훈련이 되었기 때문이다. 그런 과정을 거쳐서 자기 논문에 대한 방어를 성공적으로 해낸 분들이다. 나는 그런 분들이 정말 실력자라고 생각한다. 실상 그런 분들에게 말하기는 그리 중요하지 않을 수도 있다. 학문을 하는 데서 읽고 쓰는 것이 시간 활용 측면에서 훨씬 중요하기 때문에 그렇게 발전한 것이다.

그런 분들은 국제학술대회 같은 곳에서 논문을 발표하고 토론할 수 있다. 미리 자료와 쟁점에 대한 토론을 준비할 수 있기 때문이다. 말을 유창하게 하면 좋겠지만 그것이 절대적인 것은 아니다. 읽기를 정말 잘하면 다른 영어의 다른 기능을 상당 부분 보완할 수 있다.

읽기가 강한 사람은 다른 모든 기능을 잘할 수 있는 기초가 튼

튼하기 때문에 듣고 말하는 것은 연습만 하면 얼마든지 좋아질 수 있다. 우리나라 영어교육이 문법과 독해를 중심으로 이루어져 아쉬운 점이 많지만 영어를 잘할 수 있는 기초가 되는 것만은 분명하다. 그걸 활용해서 듣고 말하기를 연습하면 된다. 스마트폰 앱을 통해서 매일 꾸준히 연습하면 머지않아 유창한 영어를 할 수 있다.

자신의 영어 실력을 절대로 과소평가하지 마라. 이미 아는 영어가 상당하다는 것을 인식하고 자신감 있게 영어를 다듬으면 고급 영어로 만들 수 있다.

쉬운 영어로 시작하라

우리는 너무 오랫동안 읽고 해석하는 시험 영어에 매달려 왔다. 그 결과 듣고 말하는 수준은 형편 없는데, 시험 영어의 읽기는 지나치게 어려워졌다. 영어 시험으로 줄을 세우는 기형적 영어교육이 이런 현상을 만든 것이다. 시험은 잘 보고 좋은 성적을 낼 수 있지만, 소통에는 깜깜한 영어를 해 온 것이다.

외국어로 영어를 배우는 나라 중에서 소통 능력이 가장 뛰어난 핀란드의 경우 국민의 80% 이상이 영어로 의사소통을 할 수 있는 것으로 알려졌는데, 그들의 어휘 수준은 1,200 단어 내외라고 한다. 그런데도 소통에 지장이 없다. 미국의 보통 사람들이 사용하는 말에도 어려운 단어가 없다. 쉽게 말하고 쉬운 영어로 글을 쓴다. 심지어 대통령의 연설문도 중학생 수준의 영어를 써서 누구나 쉽게 이해할 수 있도록 작성한다. 영어 초보가 미국의 대학생 이상이 사용할 만한 단어들을 접하면 당연히 질리고 공부할 엄두가 안 난다. 절대로 어려운 영어를 가지고 씨름하다가 좌절하지 말고 쉬운 영어로 시작해야 한다.

'영어를' 하지 말고 '영어로' 하라

나만의 키워드 찾기

영어를 어느 정도 공부하고 나면 자신만의 키워드를 찾아야 한다. 남에게 나를 소개할 수 있는 키워드, 내가 하고 있는 일과 관련된 키워드를 몇 개 찾아서 그것으로 스토리를 만들어야 한다.

내가 유엔에 가게 되었을 때의 일이다. 유엔본부 평화유지활동국(DPKO)에서 일을 하게 되기 때문에 평화유지활동에 관한 전문성을 갖추는 것이 가장 급선무였다. 평화유지활동에 관한 충분한 지식을 축적하여 그와 관련된 어떤 질문에도 답할 수 있어야 하고 나의 경험과 지식을 그것에 연결시켜야 했다. 그렇게 하여 왜 내가 DPKO에서 근무하는 데 가장 적합한 사람인지를 인터뷰 담당자들에게 설득력 있게 납득시켜야 했다.

가장 먼저 해야 할 것은 그들이 사용하는 용어(terminology)를 정확하게 이해하고 그것이 내 입에 붙게 하는 것이었다. DPKO 웹 사이트에 들어가서 확인해보니 유엔평화유지활동 관련 용어집 (Glossary of UN Peacekeeping Terms)이 있었다.

유엔평화유지활동 관련 용어집

이처럼 어떤 분야에서 쓰이는 영어를 제대로 사용하기 위해서는 일반적인 단어를 수천, 수만 개 외우는 것보다 그 분야에서 일하는 데 필요한 전문용어를 정확하게 아는 것이 더 중요하다. 그 분야에 대한 용어와 전문지식이 차곡차곡 쌓이게 되면 관련된 지식과 어휘의 범위를 확장해나갈 수 있다.

자신과 관계 있는 영어를 공부하자. 자신의 삶과 일에 관련된 몇 개의 키워드를 중심으로 그에 관한 용어와 지식을 축적해나가면 머지않아 상당한 영어 실력의 향상을 경험하게 된다. 예를 들어 자영업을 하는 사람이라면 Google이나 YouTube에서 small business(소기업)를 검색해보자. 그러면 수없이 많은 검색 결과가 나오는데, 거기서 자기에게 맞는 것을 골라서 읽거나 볼 수 있으며, 중요한 단어나 문장은 따로 모아서 다시 볼 수도 있다. 요즘은 YouTube 동영상의 대부분을 자막과 함께 볼 수 있고, 유명한 자료들은 Google에서 대본을 찾을 수도 있다. 그것을 읽고 들으면 영어공부는 물론 자기가 하는 일에 대한 자료를 얻어 살아 있는 공부를 할 수 있다.

기억하자. '영어를' 공부할 것이 아니라 '영어로' 공부해야 한다.

영어 초급자라는 이유로 계속해서 영어 동화만 읽고 있을 수는 없다. 물론 영어 동화를 읽어도 영어 실력은 향상될 수 있겠지만, 공부를 지속시키는 힘이 없다. 동화를 내 삶과 연결시키기 어렵기 때문이다. 지금 읽는 영어가 내 삶을 향상시켜야 의미가 있는 것이다. 한국인의 국민 시험이 된 토익이 실제 영어 실력을 끌어올리지 못하는 이유는 그것이 내 삶과 별로 관련이 없는 데다가 만점을 받는다고 해서 영어 소통 능력이 향상되지 못하기 때문이다.

자기가 하는 일과 직접적으로 관련된 것을 읽는 것이 좋다. 자신이 속한 분야의 전문용어를 하루에 한 단어씩만 소화해도 업무 능력을 엄청나게 향상시킬 수 있다.

구 선생에게 물어보라

/

Google 활용법

제록스(Xerox)는 복사기 상표이지만 그 자체가 '복사하다'라는 뜻의 동사로도 쓰인다. 마찬가지로 Google을 소문자로 쓰면 '인터넷 검색을 하다'라는 동사로 쓰인다. "우리는 새로운 지원자의 배경을 확인하기 위해서 인터넷 검색을 했다"라고 말할 때 "We googled the new applicant to check her background"라고 한다. Google은 인간에게 필요한 모든 지식과 정보를 제공하겠다고 하는데, 이미 우리에게 필요한 거의 모든 지식과 정보가 우리 손 안에 들어와 있다고 해도 과언이 아니다.

스마트폰에서 Google 앱을 열고 검색창에 영어로 궁금한 것을 입력하면(대부분의 사람들이 문자로 입력하는데, 음성으로도 가능하다. 음성으로 검색할 경우 음성으로 대답해주므로 말하기는 물

음성으로 검색한 구글 검색 화면의 예

론 듣기까지 연습하는 효과를 볼 수 있다) 즉각적으로 엄청난 정보가 올라온다. 예를 들어 검색창 오른쪽의 마이크 표시를 누르고 "temperature in New York" 하고 말하면 "It's thirteen degrees in New York right now"라는 대답이 '영어로' 돌아온다. 또 화면에는 현재 시간의 기온은 물론, 강수확률, 습도, 풍속 등이 나오고 시간대별 날씨가 표시된다. 1주일 예보, 10일 예보 등 뉴욕 날씨에 관한 정보를 다양하게 보여준다. 또 이미지 창으로 이동하면 월별 평균온도를 보여주는 도표 등을 볼 수 있다. 뉴스 창에는 뉴욕의 날씨와 관련된 최신 뉴스가 올라온다. 단편적인 지식이나 정보뿐만 아니라 어떤 것이든지 알고자 하는 키워드를 검색창에 입력하면 답을 준다. Google에 있는 정보의 대부분이 영어이기 때문에 영어로 검색을 해야 정확한 고급 정보를 얻을 수 있다. 우리가 이미 알고 있는 기본적인 영어만 가지고도 얼마든지 영어를 학습하고 지식을 확장할 수 있다.

영어를 배우는 데는 지식의 확장이 중요하다. 일정 수준의 영어 소통이 가능해지면 결국 지식의 문제가 남는다. 상식을 넓혀가고 자신의 전문지식에 영어를 입혀야 의미 있는 영어가 된다. 기본적인 인사와 일상적인 대화 수준에서 끝난다면 영어를 배우는 의미가 없기 때문이다.

사전을 찾지 마라

낭독의 힘

옛날 서당에서는 글을 눈으로만 읽지 않았다. 훈장님이 "하늘 천, 따 지" 하면 학동들은 소리 내서 따라 읽었다. 옛 어른들은 마른 논에 물 들어가는 소리와 귀한 자식 입에 밥 들어가는 소리와 더불어 아이가 글 읽는 소리를 듣기 좋은 소리로 꼽았다. 우리 조상들은 낭독의 놀라운 힘을 알았던 것이다!

서양 영화를 보면 아이가 자기 전에 부모가 머리맡에서 소리 내서 책을 읽어주는 모습을 흔히 볼 수 있다. 그 영향인지 요즘은 우리나라 부모들도 아이에게 책을 많이 읽어주는 것 같다. 이런 경우를 제외하고는 오늘날 우리 사회에는 낭독 문화가 거의 실종된 것 같다. 특히 어른들은 책을 소리 내서 읽는 경우가 드물다. 외국어를 배울 때조차도 낭독은 거의 무시 또는 생략된다. 우리 조상들이 알고 실천했던 낭독 공부법을 우리는 잊고 살았던 것이다.

소리 내어 읽는 것은 종합적인 영어공부 방법이다. 읽기, 말하기, 듣기는 물론 쓰기까지 향상시킬 수 있기 때문이다. 처음에는 눈으로 읽는 것도 잘 안 되지만 차츰 익숙해지면 자기도 모르게 영어 실력이 쑥쑥 향상된다.

언어학자들의 연구에 의하면, 한 번 소리 내서 읽으면 눈으로만 읽거나 속으로 생각만 하는 것보다 13배의 기억 효과가 있다고 한다. 말을 한마디 하려면 머리로 생각하거나 읽은 것을 성대와 혀와 입술이 동시에 움직이면서 소리로 내야 하기 때문에, 발화 행위 자체가 하나의 종합적인 훈련이 된다. 그 과정을 되풀이하다 보면 뇌, 눈, 성대, 혀, 입술, 귀가 동시에 훈련되는 것이다. 그래서 처음에는 짧은 단어나 문장을 소리 내어 읽는 것도 어색하지만, 익숙해지면 이해도 빨라지고 발음과 듣기 실력도 좋아진다.

읽기를 할 때 종종 뜻을 모르는 단어와 마주치게 된다. 이럴 때 단어의 뜻을 모르고 그냥 넘어가면 찝찝하고, 사전에서 뜻을 찾다 보면 맥이 끊겨 김이 새기 일쑤다. 그럴 때는 곧바로 사전을 찾지 말고 해당 단어가 있는 문단(paragraph)을 다 읽고 나서 그 단어로 돌아가 다시 읽어보면서 그 뜻을 짐작해보자. 문맥(context)을 통해 의미를 짐작해보는 것이다. 한참을 생각해봐도 어떤 뜻인지 모르겠다면 그때 사전을 찾아서 그 단어가 사전에 나오는 여러 가지 의미 중에서 어떤 뜻으로 쓰였는지를 확인한다. 그런 과정을 거치면 단어를 오랫동안 기억할 수 있다.

어떤 단어의 발음을 모르겠다면 컴퓨터나 스마트폰의 사전 앱을 찾아보자. 검색하는 것이 귀찮아서 그냥 넘어가면 결정적인 순간에 엉뚱한 발음을 하게 되고, 그 단어를 들어도 그것이 그 단어인지 모르게 된다. 컴퓨터에서 사전을 찾다 보면 영어 타이핑이 익숙해지는 부수적인 효과도 얻게 된다.

재미있는 읽을거리를 찾아라

　불과 20년 전만 해도 재미있고 내 수준에 딱 맞는 영어 읽을거리를 찾는 것이 쉽지 않았다. 그래서 나는 영한대역문고를 사서 읽기 시작했다. 수준이 가장 낮은 별[★] 하나부터 시작했다. 어휘가 쉬워서 읽기 편하고, 속도가 붙자 읽는 재미도 있었다. 늦은 나이에 초등학생이나 중학생들이 읽을 법한 책을 읽고 있자니 다소 창피하기도 하고 너무 쉬운 영어를 공부하는 것이 아닌가 하는 불편함도 있었다. 하지만 이런 것들을 감수하고 기초를 닦는다는 마음으로 꾸준히 대역문고를 읽었던 기억이 난다. 쉬운 영어로 영어의 기초를 다지면 좀 더 나은 영어를 할 수 있는 토대가 생긴다.

　하지만 지금은 그런 영한대역문고를 사서 볼 필요가 없다. Google과 YouTube에 좋은 읽을거리가 너무나도 많기 때문이다. 더구나 음성을 들으면서 읽을 수 있다. 읽기에 관한 강의와 굉장히 좋은 동영상이 너무나도 많다. 어휘 수준에 따라 초보에서부터 고급 독자에 이르는 다양한 읽을거리가 있다.

쇼를 하라, 쇼를!

섀도잉, 고급 영어로 가는 영어의 왕도

영어 말하기를 배우면서 우리가 가장 많이 듣는 말은 "Listen and repeat", 듣고 따라 하라는 것이다. 강사는 학생들이 자신의 발음을 따라 하는 것을 듣고 발음, 액센트, 인토네이션을 바로잡아 준다.

그런데 외국인 강사와 함께 있을 때만 말하기를 연습해서는 원하는 만큼 향상될 수가 없다. 그래서 영어 듣기와 말하기가 어느 정도 수준에 오른 다음에는 혼자서 하는 말하기 연습인 섀도잉(shadowing)으로 말하기 수준을 끌어올려야 한다. 섀도잉을 하지 않고서는 중급 수준을 벗어나기 어렵다.

섀도잉이란 그림자가 물체를 따라가듯이 들리는 말을 따라 하는 것이다. YouTube 동영상이나 영화를 볼 때 자막을 소리 내어 읽으면서 듣는 것이 영어 연습에 굉장히 좋은데, 조금 수준이 올라가면 자막 없이 들으면서 들리는 말을 따라 하는 것이 바로 섀도잉이다.

처음에는 약간 어렵게 느껴지지만 몇 번만 연습해도 금세 익숙해지고 영어 말하기와 발음이 급속도로 향상된다. 문제는 섀도잉에 대해서 대부분 조금씩 들어는 봤지만 실제로 어떻게 하는지를 잘 모르고 조금 해보다가 '이건 나에게 너무 어려워' 하는 생각에 효과를 채 보기도 전에 그만두는 것이다.

섀도잉의 시작은 정확하게 잘 듣는 것이다. 무슨 말인지 알아듣지 못하면 따라 할 수가 없기 때문이다. 여기서 잘 듣는다는 의미는 말의 내용은 물론 말하는 사람의 어조와 말투, 리듬, 발음, 인토네이션 등에 유의하여 말에 담겨 있는 감정과 분위기까지 정확하게 듣는 것이다.

처음에는 금방 들은 것도 그대로 따라 하기가 쉽지 않다. 또 머릿속으로는 알겠는데 그 말이 입으로 잘 나오지 않거나 속도를 따라가지 못하는 경우가 대부분이다.

앞에서 YouTube 동영상으로 듣고 말하는 훈련을 동시에 하는 방법으로 영어 자막을 설정하고 소리 내어 따라 읽기를 소개했는데, 그걸 조금 더 발전시킨 것이 섀도잉이라고 이해하면 된다. 즉, 자막을 보면서 어느 정도 소리 내어 따라 읽을 수 있게 되면 자막 없이 들으면서 바로 따라 하는 것이다.

말하는 속도가 너무 빠르게 느껴질 때는 재생속도를 0.75로 설정하고 연습하는 것이 좋다. 그 속도에 적응이 되고 자신감이 생긴 다음에 다시 보통 속도로 설정하고 연습해보면 어렵지 않게 할 수 있다.

샤도잉은 영어의 듣기와 말하기에서 초급과 중급을 뛰어넘어 고급 수준으로 올라가는 가장 확실한 방법이다. 처음에는 10분 정도만 하겠다고 가볍게 마음먹고 시작하는 것이 좋다. 그렇게 며칠 동안 하다 보면 듣기와 말하기가 좋아지는 것을 느끼게 되므로 자신감이 생기고 영어에 재미가 붙는다. 도약할 수 있는 동기가 생기는 것이다. 고급 수준의 영어로 뛰어올라 놀라운 영어의 세계를 발견할 수 있는 토대가 마련되는 것이다.

한 번 소리 내서 읽기만 해도 눈으로만 읽거나 속으로 생각만 하는 것보다 13배의 기억 효과가 있다고 하는데 샤도잉을 하면 그 효과는 상상을 초월할 정도가 아닐까?

내 인생을 일깨우는 영어책

영어 정복의 왕도 '자기계발서 읽기'

1994년 가을에 스티븐 코비가 지은 〈성공하는 사람들의 7가지 습관(7 Habits of highly effective people)〉이라는 책을 생일 선물로 받았다. 1989년에 출간되어 지금까지 2,500만 권 이상이 팔렸고, 지금도 꾸준히 팔리고 있는 자기계발서의 고전과도 같은 책이다. 나는 그 책을 번역서로 읽은 후 바로 원서를 구입했다. 처음에는 진도가 잘 나가지 않았지만, 시간이 지날수록 속도가 붙기 시작했다. 읽는 재미도 있었지만 내용이 워낙 좋아서 책에 나온 모든 문장이 금과옥조처럼 느껴졌다.

나는 그 이후로 여러 자기계발서를 원서로 읽기 시작했다. 그런 책을 매일 읽으면 독서 능력은 물론 말하기와 어휘력 향상에 큰 도움이 된다. 이뿐만 아니라 책의 내용이 삶에 굉장히 도움이 되기 때문에 자기 삶을 변화시키는 단초가 될 수 있다.

자기계발서의 가장 큰 장점은 어려운 단어가 많지 않아 읽기 쉽다는 것이다. 자기계발서를 먼저 눈으로 읽고 소리 내어 읽은 후 오디오북을 구해서 들으면 듣기 훈련까지 된다. 나는 지금도 오디오북으로 된 자기계발서를 매일 듣는다. 책의 내용이 나태해지려는 나를 일깨울 뿐만 아니라, 내 삶에 개선시키고 향상시켜야 할 부분이 얼마나 많은지를 깨닫게 해준다.

추천할 만한 자기계발서

내가 읽은 자기계발서 중에서 추천하고 싶은 책은 다음과 같다. 이 책들을 모두 읽을 필요는 없다. 사실 영어 실력을 향상하기 위한 목적이라면 아무 책이나 한 권만 읽어도 충분하다. 한 권만 제대로 확실하게 읽고 실천하면 그것만으로도 충분하다.

- *7 Habits of Highly Effective People*, Stephen Covey 〈성공하는 사람들의 7가지 습관〉
- *No Excuse*, Brian Tracy 〈자기 수양의 21가지 교훈〉
- *Master Strategy*, Brian Tracy 〈마스터 전략〉
- *Goals*, Brian Tracy 〈목표 그 성취의 기술〉
- *Speak to Win*, Brian Tracy 〈이기는 연설〉
- *Awaken the Giant Within*, Anthony Robbins 〈네 안에 잠든 거인을 깨워라〉
- *Success Principles*, Jack Canfield 〈석세스 프린시플〉
- *Think and Grow Rich*, Napoleon Hills 〈놓치고 싶지 않은 나의 꿈 나의 인생〉
- *Talk Like TED*, Carmine Gallo 〈테드처럼 말하라〉
- *Outlier*, Malcolm Gladwell 〈아웃라이어〉

일단 원서 한 권을 독파하라

일석이조 원서 읽기

동화든 소설이든, 원서 한 권을 읽어본 적이 있는가?

우리나라 성인 3명 중 1명이 1년에 책을 1권도 안 읽는다고 하는 현실에서 좀 무리한 질문일까?

영어에 대한 자신감을 갖는 데 중요한 것 중의 하나는 원서 한 권을 독파하는 것이다. 한 권을 독파하고 나서의 성취감이 큰 결실이고, 그보다 더 의미 있는 것은 매일 영어를 손에서 놓지 않는 습관을 들일 수 있다는 것이다.

처음에 너무 많은 양을 잡으면 어렵기 때문에 하루에 30분을 넘기지 말고 매일 일정한 시간에 책을 읽는 것이다. 그것을 한 달만 실천해도 생활이 완전히 달라질 수 있다. 하루도 빠지지 않고 실천한다는 것은 상당한 결심과 실천을 요구한다. 설령 하루 정도 불가

피하게 빠지는 수가 있을지라도 꾸준히 실천하는 것은 커다란 자신감과 긍지를 심어준다.

어떤 책을 읽을 것인가를 고민하게 되는데, 나는 개인적으로 자기계발서를 선호한다. 자기계발이라고 하면 영어학원에 다니고 토익 점수를 따는 것으로 생각하는 사람들이 많지만 자기계발만큼 중요한 것이 없다.

자기계발을 의미하는 영어 표현은 여러 가지가 있다. self-development, personal development, personal improvement, self-discipline, personal growth 등 다양하게 표현하고 있고 그에 관련된 책들도 엄청나게 많다.

나는 자기계발 작가이면서 유명한 강사(public speaker)인 브라이언 트레이시(Brian Tracy)를 좋아한다. 그의 여러 책 중에서 〈Goals〉라는 책을 권한다. 'How to Get Everything You Want-Faster Than You Ever Thought Possible'이라는 부제가 달린 책이다. 이 책은 Google에서 검색하면 pdf파일로 내려받을 수 있다.

컴퓨터에 저장해놓고 읽을 수도 있고 인쇄해서 읽을 수도 있다. 나는 pdf파일을 복사해서 MS Word로 바꾸어 읽었다. 그렇게 하면 모르는 단어를 하이라이트로 표시하고 의미를 찾아서 옆에 써넣을 수도 있어서 다음에 다시 읽을 때도 좋고 읽으면서 어휘를 확장하는 데도 좋다.

〈Goals〉는 다음와 같이 총 21개 chapter로 구성되어 있다.

1 Unlock Your Potential

2 Take Charge of Your Life

3 Create Your Own Future

4 Clarify Your Values

5 Determine Your True Goals

6 Decide Upon Your Major Definite Purpose

7 Analyze Your Beliefs

8 Start At The Beginning

9 Measure Your Progress

10 Remove the Road blocks

11 Become An Expert In Your Field

12 Associate With The Right People

13 Make A Plan Of Action

14 Manage Your Time Well

15 Review Your Goals Daily

16 Visualize Your Goals Continually

17 Activate Your Superconscious Mind

18 Remain Flexible At All Times

19 Unlock Your Inborn Creativity

20 Do Something Every Day

21 Persist Until You Succeed

Conclusion: Take Action Today

이 제목들만 마음으로 새기고 단어들을 기억하는 것만도 큰 소득이다. 책에 나오는 한 문장이 어쩌면 여러분의 인생을 바꿀 수도 있다.

영어의 보고, 성경 읽기

서양 문화의 바탕 이해하기

    자기계발서와 더불어 강력하게 추천하는 읽을거리는 영어 성경이다. 성경은 서양 문화의 바탕을 이루고 있기 때문에, 종교를 떠나서 영어를 공부하는 사람이라면 누구나 한 번은 꼭 읽어야 하는 유용한 영어의 보고다.

    성경을 읽으면서 제일 어렵게 느껴질 수 있는 것이 인명과 지명인데, 철자를 하나하나 짚어가며 천천히 읽다 보면 익숙해진다. 또 읽으면서 내용을 이해하기 어려운 부분이 나타나면 곧바로 우리말 성경을 찾아서 의미를 확인해볼 수 있기 때문에 편리하기도 하다.

    이때 유의할 것은 우리말 성경이 영어를 번역한 것이 아니라 히브리어를 번역한 것이고, 영어 성경도 히브리어를 번역한 것이라는 점이다. 따라서 번역이 완전하게 일치하지 않을 수도 있고, 한글 표기법 자체가 고어스럽다는 것을 감안하고 내용을 참고하기 바란다. 기독교 신자라면 우리말 성경을 읽을 때 이해가 잘 되지 않는 것들이 종종 있었을 것이다. 하지만 영어 성경을 읽으면 또렷하게 의미를 파악할 수 있는 경우가 많아 읽는 재미가 더 크다.

영어 성경은 군이 구입하지 않고 스마트폰에서 앱을 내려받아서 보아도 된다. 버전이 많은데, 몇 가지를 내려받아서 열어보고, 이해하기 쉬운 것으로 공부하면 된다. 나는 New American Bible(NAB) 앱을 받아서 읽고 있다.

영어의 재미, 소설 읽기

영어를 즐기는 한 가지 방법

결론부터 이야기하자면, 영어 소설을 읽는 것은 영어를 공부가 아니라 취미로 만드는 좋은 방법 가운데 하나다.

소설책 읽는 건 시간 낭비라고? 과연 그럴까? 소설을 많이 읽는다는 것은 결국 독해, 토익으로 말하자면 Reading Comprehension 연습이다. 문장을 많이 읽다 보면 나도 모르게 읽는 속도가 빨라지는데, 읽는 속도가 빨라지면 각종 시험에서 유리한 고지를 차지할 수 있다. 토익만 해도 예전에는 독해 문제에서 단답형이 많이 출제되었는데, 근래에 지문을 빨리 읽어야 풀 수 있는 문제로 바뀌었다. 그래서 평소에 읽기 훈련이 안 돼 있을 경우 문제를 풀고 나서 검토하는 건 고사하고 문제를 다 풀지도 못하는 비극적인 상황을 맞게 된다(심지어 푸는 건 고사하고 시간이 모자라서 찍지도 못하는 사람도 봤다).

영어학습을 위해서 읽는 소설은 무조건 재미있어야 한다. 모르는 단어가 나와도 스토리가 어떻게 전개되는지 궁금해서 계속 읽지 않고는 못 배길 정도로 재미있어야 한다. 그런 책은 어떤 책일까? 단연코 로맨스나 추리소설 같은 대중적이고 통속적인 책이다. 이런 책들은 대개 쉽다. 한 문장 한 문장이 길지 않고 대화체가 많다. 가급적 최근에 쓰인 책이어야 한다. 유명한 작가라고 해서 셰익스피어를 선택해서는 곤란하다(왜 곤란한지는 읽어보면 알 것이다).

한 페이지에 모르는 단어가 몇 개 이상 나오면 읽기가 어렵다고 이야기하는 사람도 있는데, 내 생각은 다르다. 모르는 단어가 좀 나와도 스토리를 이해하는 데 지장만 없으면 된다. 어차피 재미로 읽는 거니까. 모르는 단어가 나올 때마다 사전을 찾으면 진도가 잘 안 나가서 책 읽는 속도와 재미가 떨어지기 쉽다. 모르는 단어가 여러 번 나와도 스토리 전개가 궁금해서 계속 읽다 보면(그럴 정도로 재미있는 책이어야 한다) 그 단어가 무슨 뜻인지 맥락 속에서 저절로 파악되는 경우도 있다. 여러 번 같은 단어에 부딪히면서 무슨 뜻인지 궁금해하다가 사전을 찾아보면 아 그런 뜻이었구나 하고 무릎을 치게 되기도 한다. 이럴 때는 궁금증을 해소하는 쾌감도 맛보면서 자연스레 그 단어를 더 잘 기억할 수 있게 된다.

재미있게 읽다 보면 자신도 모르게 어휘가 늘고 영어 문장이 자연스럽게 들어온다. 모르는 단어도 반복해서 보고 각기 다른 문장에서 쓰이는 것을 보면서 여러 가지 의미를 자연스럽게 익히게 되고 문장 내에서의 의미를 자동적으로 파악하는 능력이 생긴다.

가볍게 읽으면서 기분 전환도 되고 영어도 자연스럽게 향상될 수 있는 영어 소설은 다음과 같은 책들이다.

시드니 셸던(Sidney Sheldon)의 소설	〈Rage of Angels〉
	〈The Other Side of Midnight〉
	〈The Naked Face〉
	〈Tell Me Your Dreams〉
스티븐 킹(Stephen King)의 소설	〈The Stand〉
	〈It〉
	〈The Shining〉
	〈Misery〉

자기 취향에 맞는 소설을 많이 읽어서 재미를 붙이는 것이 중요하다. 또 한 번 읽은 책을 다시 읽어보면 자신의 어휘와 이해력이 얼마나 향상되었는지를 확인할 수 있다. 또한 처음 읽을 때 몰라서 사전을 찾아봤던 단어나 문장을 표시해두었다가 다시 보면 의미가 저절로 선명해지는 기쁨도 맛볼 수 있다.

영어의 상식, 신문·잡지 읽기

/

세상의 흐름까지 파악하는 영어학습

요즘에는 굳이 신문이나 잡지를 돈을 내고 구독하지 않아도 매일 손안에 받아볼 수 있는 길이 열렸기 때문에 마음만 먹으면 얼마든지 볼 수 있다. 스마트폰 앱 하나만 가져도 웬만한 신문, 방송, 잡지를 모두 읽고 볼 수 있다.

스마트폰 Play Store(아이폰의 경우 App Store)에서 Scan News를 검색하여 설치하고 앱을 열면 News, TV, Radio로 구분되어 있는데, News에는 New York Times, VOA Learning English, VOA

Scan News

News, TED, The Washington Post, Newsweek 등 전 세계 주요 언론사가 거의 다 나온다. 거기서 자신이 관심 있는 언론사의 기사를 읽으면 된다.

여기서 VOA Learning English를 자세히 살펴보면 영어학습자들을 위해 매주 비디오를 포함한 영어학습자료를 올리고 있으며 지난 것을 볼 수도 있다. 비디오는 영어 자막을 함께 보여줘서 들으면서 읽고 따라 할 수 있으므로 듣기·읽기·말하기를 동시에 익히기에 매우 좋다. 이것 하나만 가져도 중급 이상의 영어를 익히는 데 충분하다.

또 TV 섹션에는 TED, CNN Student News, VOA Learning English, BBC Learning English, BBC News, NASA, Stanford, Stanford Graduate School of Business, The Ellen Show, Team Coco, The Tonight Show, The Late Show, English Lesson for U, Rachel's English 등이 있다. 모두 비디오여서 보면서 영어를 배우는 데 더없이 좋은 영어학습의 보물창고라 할 수 있다.

Radio 섹션에는 BBC Learning English와 VOA Learning English가 있다. BBC Learning English에는 라디오 방송 내용의 스크립트와 주요 어휘, 연습문제 등이 있어서 학습하기에 매우 좋고, VOA Learning English에는 스크립트가 없어서 더 집중해서 듣는 연습을 하는 데 좋다.

Kindle을 이용한 독서

나는 아마존에서 출시한 Kindle이라는 전자책(ebook) 단말기를 2010년에 처음 구입했다. 지금은 기능이 점점 발전해서 PC와 휴대전화에서도 읽을 수 있게 되었다. 특히 PC에서 전자책을 읽을 때는 단어를 바로 찾을 수 있는 사전 기능이 있고, Google과 Wikipedia로 바로 연결되어 관련 자료를 참고할 수 있어서 내용을 이해하고 지식을 확장하는 데 매우 편리하다. 또한 사전이나 Google, Wikipedia에서 확인한 내용을 복사해서 저장할 수 있는 기능(Add Note)이 있다.

Kindle을 이용하면 굳이 전자책을 구입하지 않아도 Amazon에서 무료로 제공하는 수많은 무료 도서를 내려받아서 읽을 수 있다. 영어학습을 위한 자료가 충분한 것이다. 종이책을 사서 읽으려면 사전을 찾아가면서 읽어야 하는 수고가 있는 데 비해, Kindle은 마우스 클릭만으로 쉽게 사전을 이용하고 메모를 달고 기종에 따라서는 색깔을 골라서 하이라이트를 표시할 수 있기 때문에 굉장히 편리하다.

속도는 0.75가 좋아

YouTube로 영어 읽기

YouTube는 동영상인데, 읽기와 무슨 관계가 있을까?

성인이 영어를 배우는 데 가장 중요한 읽기는 글을 읽고 의미를 이해하는 독해(reading comprehension)와 소리를 내어 읽는 낭독 (reading aloud)으로 구분할 수 있다. 간단히 이야기하면 독해는 공부고 낭독은 연습(훈련)이다.

그동안 우리의 영어학습은 독해에 치중했다. 소리 내어 읽는 연습은 거의 하지 않았기 때문에 눈으로 읽어서는 이해하지만 듣지는 못하고, 머릿속에서는 알면서도 입으로 나오질 않는 것이다. 소통하는 영어가 되기 위해서는 공부보다 연습하는 시간을 대폭 늘려야 한다.

듣고 읽고 말하는 연습을 한꺼번에 하기에 가장 좋은 방법은

YouTube를 활용하는 것이다. 영어를 듣고 읽는 것을 동시에 연습할 수 있고, 소리를 내어 따라 읽는 연습을 하면 말하기 능력이 크게 향상된다.

처음에는 YouTube의 재생속도에서 보통 속도(normal)를 따라가기 어려울 수 있으므로 화면 오른쪽 아래에 있는 설정(setting)에서 속도를 normal에서 0.75로 바꾸어 들으면 훨씬 쉽다. 원어민들은 시간이 없을 때 1.25, 1.5, 2로 들을 수도 있겠지만 영어를 처음 배우는 입장에서는 어려우므로 느린 속도로 연습을 해야 한다.

내가 느린 속도로 재생을 해보니 0.25는 지나치게 느려서 영어공부에 별로 도움이 안 되는 것 같고 0.5 역시 느린 편이다. 0.75배속 정도를 넣어주면 영어 듣기 연습을 하는 학습자들에게 크게 도움이 될 것 같다는 생각이 들어서 YouTube 본사에 지속적으로 요청했다. 요청을 시작한 지 6개월 만에 드디어 YouTube 본사에서 재생속도 설정에 0.75배속을 추가했다.

이는 영어학습자들에게 획기적인 조치로, YouTube 동영상을 0.75배속으로 조정해서 들으면 듣기 능력을 비약적으로 향상시킬 수 있다.

- 7 -

분명 아는 단어인데
왜 안 들리지?

듣기 능력을 키우는 최고의 방법

쉽게, 재미있게, 많이!

듣기 훈련의 3가지 비결

중학교 수준의 단어인데, 분명히 아는 단어인데도 안 들린다. 왜 안 들릴까? 나만 그런가? 뭐가 문제일까? 어떻게 해야 할까?

머리말에서 이야기한 것처럼, 나는 서른다섯 나이에 장교영어반에 들어갔을 때 'peace'라는 단어를 알아듣지 못해 후배 장교들 앞에서 망신을 당했었다. 영어 먹통의 가장 큰 고통은 들리지 않는 것이다. 듣는 능력은 머리로 공부해서 안다고 되는 문제가 아니라 들어서 익숙해지고 의미를 파악할 수 있어야 한다. 듣기 훈련의 시작 단계에서 특히 유념해야 할 세 가지가 있다.

첫째, 쉬운 것으로 시작해야 한다. 지나치게 쉬워서도 안 되지만 너무 어려워서 반도 이해하지 못할 정도면 중도에 좌절하고 포기하게 된다. 대략 85% 정도 알아들을 수 있는 수준이 적절하며 그걸 확실하게 알아들을 수 있을 만큼 반복해서 숙달해야 한다.

둘째, 재미있고 즐길 수 있는 것(something enjoyable and interesting)을 들어야 한다. 관심이 있거나 즐길 수 있는 것이어야 계속할 수 있다.

셋째, 많이 들어야 한다. 규칙적으로 매일 들되 절대량이 많아야 한다. 듣는 연습은 귀와 두뇌를 훈련시키는 과정이기 때문에 끊임없이 들음으로써 영어가 자연스러워지고 친숙해져야 한다. 스마트폰 영어학습 앱을 이용하면 짧은 대화 또는 스토리를 반복해서 들을 수 있다. 수준에 맞는 내용을 선택해서 원하는 만큼 반복해서 들을 수 있으므로 하루에 하나씩만 꾸준히 들어도 듣기 능력이 굉장히 빠른 속도로 향상된다. 처음에 들리지 않는다고 좌절하지 말고 계속 들으면 반드시 귀에 쏙쏙 들어오는 순간이 온다. 새로운 세상을 발견하는 기쁨을 느낄 수 있다.

듣기 능력은 듣는 양이 결정한다. 실망스러운가? 그러나 듣기를 향상시키는 최고의 비법은 많이 듣는 것이다. 쉬운 것으로 시작해서 단어와 문장이 자연스럽게 들어올 때까지 많이 들어야 한다. 귀를 뚫는 특별한 비법은 없다. 그저 많이 듣는 것으로 귀를 훈련시켜서 소리가 가진 의미를 알아내는 것이다. 처음에는 소리를 정확하게 듣는 것도 어려울 수 있지만, 소리에 익숙해지고 단어들이 가지고 있는 의미를 알게 되면 두뇌에서 인식하는 양과 속도가 급속도로 늘게 된다.

반복해서 강조하지만, 가장 중요한 것은 영어를 듣는 절대 시간을 늘리는 것이다. 영어를 잘하겠다는 명확한 목표를 설정했다면 듣는 시간을 최대한 늘려야 한다. 그것은 단지 훈련이 아니다. 훈련이면서 공부다. 영어는 의미 없는 소리가 아니라 의미를 가지고 있는 소리이기 때문에 듣기 훈련을 하는 것 자체가 굉장히 좋은 공부가 된다.

듣기, 어렵게 하지 마라

쉬운 영어로 귀 훈련시키기

영어가 잘 들리지 않는 것은 그것이 우리 귀에 익숙하지 않기 때문이다. 익숙하지 않은 소리들이 빠른 속도로 들리기 때문에 두뇌가 그것을 인식하지 못하는 것이다. 또한 영어는 철자와는 사뭇 다르게 발음되는 경우가 많아서 어렵다. 눈으로는 익히 아는 단어도 악센트를 넣어 발음하고 다른 단어와 연결해서 말하면 알아듣기가 굉장히 어렵다. 그런 것들을 차츰차츰 익혀야 하기 때문에 처음에는 쉽고 간단한 것으로 연습해야 한다. 처음부터 어려운 것을 들으려 하면 아무리 반복해서 들어도 들리지 않기 때문에 쉽게 좌절하게 된다. 그래서 보통 속도로 정확하게 읽는 듣기 자료로 시작해야 한다.

흔히 '미드'라고 불리는 미국 드라마는 재미는 있지만 그것을 학습교재로 삼으려면 상당한 듣기 능력을 갖추어야 한다. 따라서 초보가 미국 드라마를 보는 것은 역효과를 낼 가능성이 높다. 안 들리는 단어와 문장이 너무 많기 때문이다. 처음에는 안 들려도 여러 번 반복해서 들으면 된다고 하는 사람들도 있는데, 내가 보기에 그것은 결코 현명한 방법이 아니다. 한 번 안 들리는 내용은 끝까지 안 들릴 수 있다. 미국 드라마에 나오는 말의 내용이나 발음 가운데는 우리에게 꼭 필요한 것도 아니면서 지나치게 어려운 것이 적지 않기 때문이다. 드라마에 흔히 등장하는 속어나 욕설, 관용 표현 가운데는 우리가 평생 한 번도 쓸 가능성이 없는 것들도 많다.

쓸데없이 어렵고 알아봐야 별 쓸모도 없는 자료를 가지고 생고생을 하면서 공부를 하는 것은 시간과 노력과 돈의 낭비다. 그것보다는 내 수준에 맞는 쉬운 영어를 들으면서 조금씩 수준을 높이는 것이 가장 좋은 방법이다. 쉬운 것을 정확하게 들을 수 있으면 빠르고 어려운 것들도 점점 들리기 시작한다. 처음부터 어려운 것을 잡고 씨름하다 좌절하지 마라. 들을 거리는 이미 YouTube에 충분히 있다.

저자의 느낌까지 생생하게

/

오디오북 듣기

예전에는 외국 서적을 접하고 구하는 것 자체가 어려웠지만 지금은 해외 주문을 통해 얼마든지 구입할 수 있고, 구글 검색만 하면 pdf파일로 된 책을 그대로 열어볼 수도 있다. YouTube에서 책 제목을 검색하면 오디오북이 통째로 제공되는 곳도 있고 저자의 강의를 들을 수도 있다.

처음 오디오북을 들을 때는 책상에 앉아서 텍스트를 컴퓨터 모니터에 띄워놓고 보면서 오디오는 스마트폰으로 듣는 것이 좋다. 오디오북은 대부분 저자가 직접 낭독한 것을 녹음한 것이기 때문에 저자의 느낌까지 전달되어 듣는 효과가 크다. 듣다가 모르는 단어가 나오면 오디오를 멈추고 모르는 단어를 찾아서 확인할 수도 있고, pdf파일에서 그 단어에 형광색으로 하이라이트를 해서 표시해두었다가 나중에 찾아보아도 좋다. 중요한 것은 소재와 책의 종류에 상관없이 확실히 익힐 때까지 반복해서 읽고 듣는 것이다.

한 가지를 확실하게 하면 다른 것들도 어렵지 않게 들을 수 있다. 그런 과정을 거쳐 영어책 한 권을 독파했을 때의 성취감은 이루 말할 수 없이 크다. 토익 시험에서 고득점을 얻은 것보다 훨씬 큰 보람을 느끼게 되고 삶에도 많은 변화를 준다. 영어뿐만 아니라 삶을 대하는 자세가 달라지기 때문이다.

듣기 훈련의 보물창고

/

YouTube와 TED

지금은 YouTube에 좋은 자료들이 엄청나게 올라와 있기 때문에 굳이 영어책을 사거나 영어학습 프로그램을 구입할 필요가 없을 정도다. YouTube 하나만으로도 필요한 거의 모든 영어를 배울 수 있기 때문이다. 그래서 YouTube를 '유 선생'이라고 부르기도 한다.

YouTube에는 영어학습에 활용할 수 있는 동영상이 수없이 많다. 먼저 YouTube 검색창에 'learn English through story'라고 입력하면 Level 0부터 Advanced Level까지 다양한 난이도의 읽을거리가 나온다. 그중에서 하나를 골라 텍스트를 보면서 내용을 듣자. 낮은 레벨에서는 읽는 속도도 적당히 느리게 녹음되어 있기 때문에 부담이 없다. 천천히 텍스트를 보면서 들을 수도 있고, 잘 들리는 것은 눈을 감고 듣거나 화면을 가리고 들어도 된다. 짧은 내용은 한

번에 모두 들을 수 있고 긴 것은 나누어서 들으면 된다.

TED의 홈페이지(www.ted.com)에서 강연을 듣는 것도 좋다. 테드는 미국의 비영리재단에서 기술(Technology), 오락(Entertainment), 디자인(Design)의 머리글자를 따서 만든 강연회로, '널리 알릴 가치가 있는 아이디어(Ideas Worth Spreading)'를 모토로 운영된다.

TED에서는 다양한 분야의 명사들과 창의적인 아이디어를 가진 사람들이 세계 최고 수준의 강연을 하는데, 그것을 TED 사이트에서 무료로 볼 수 있다. 상당한 수준의 듣기 능력을 갖추어야 들을 수 있다고 생각하기 쉽지만, 그들이 사용하는 영어가 그리 어렵지 않고 오히려 쉽고 간단한 표현을 많이 쓰기 때문에 듣기 훈련에 더없이 좋다. 주제별로 내용이 분류되어 있고 MP4파일로 다운로드할 수 있어서 컴퓨터나 스마트폰에 저장해두고 필요할 때 편리하게 검색하여 자기가 좋아하는 분야의 강연을 들을 수 있다.

또한 TED 사이트에는 각 스피치의 대본(script)이 제공되어 읽으면서 볼 수 있고 따로 저장해두고 읽는 연습을 하는 데 사용할 수도 있다. 그야말로 듣기 훈련을 위한 최고의 자료라고 할 수 있다. YouTube에서도 TED 강연을 제목이나 키워드로 검색해서 찾을 수 있다.

권할 만한 TED의 좋은 강연들

1. The World's English Mania. 제이 워커(Jay Walker)는 왜 20억 명 이상의 사람들이 영어를 배우려고 하는지를 설명하면서 중국에서 영어 열풍이 불고 있는 모습을 보여준다. 불과 4분 34초에 불과하지만 매우 인상적인 스피치다.

2. How to learn any language in six months. 크리스 론스데일(Chris Lonsdale)이 어떤 언어든지 6개월 만에 배울 수 있다는 이야기를 자기 경험에 비추어 설명하는 내용으로 1,000만 뷰(view)를 넘었다.

3. Five techniques to speak any language. 7개 국어를 하는 시드 에프로모비치(Sid Efromovich)가 외국어를 습득하는 5가지 기술을 설명한다.

4. TED's secret to great public speaking. TED 책임자(curator)인 크리스 앤더슨(Chris Anderson)이 TED 스피치의 비밀을 설명한다.

5. Does school kill creativity? 켄 로빈슨 경(Sir Ken Robinson)이 재미있고 인상적인 스피치로 학생들의 창의성을 길러주는 교육 시스템을 창조하는 감동적인 케이스를 소개한다. TED에서 가장 많은 조회수를 자랑하는 최고의 스피치로, 영국영어를 즐길 수 있다.

6. From homo sapiens to homo symbious. 우리나라의 최재천(Choi Jaechun) 교수가 TEDx Itaewon에서 한 영어 강연이다.

세계 최고 1타 강사의 연설

오바마 연설로 영어 듣기 훈련

오바마 대통령의 연설은 뉴스에 많이 등장했기 때문에 우리에게도 친숙하다. 영어에 특별한 관심이 없는 사람도 그의 영어를 들으면 '아, 참 연설을 잘한다'고 느낄 만큼 그의 연설은 명쾌하면서도 친근하고 설득력이 있다.

오바마 대통령은 혀를 많이 굴리지 않아서 다른 미국인들의 영어보다 우리가 알아듣기에 훨씬 수월하다. 영어 듣기를 익히는 과정에서는 미국 드라마나 CNN 뉴스를 듣는 것보다 오바마 대통령처럼 발음을 명확하게 하고 어려운 단어를 많이 쓰지 않는 연설을 듣는 것이 더 큰 도움이 된다.

앞에서도 이야기했지만 미국 드라마에는 그들의 관용적인 표현들이 너무 많이 나오고 문화적인 이해가 필요한 것들이 많아 즐기는 수준까지 가는 데는 많은 시간이 걸린다. 물론 큰 부담이 없는 사람들이 듣기 연습을 하는 것은 말릴 이유가 없지만 남들이 미드 본다고 해서 덩달아 따라 하다가 좌절할 필요는 없다는 것이다. CNN이나 BBC 등의 뉴스도 초보자들에게는 쉽지 않다. 방송기자들은 짧은 시간에 핵심적인 내용을 전달해야 하기 때문에 말을 빨리 하는 편이고 배경지식이 없으면 알아듣기 어렵기 때문이다.

우리가 최종적으로는 어떤 영어도 들을 수 있는 능력을 갖출 수 있겠지만 초보 단계에서 알아듣기 어려운 영어를 가지고 씨름을 하다가 좌절하지 말고 쉬운 영어를 가지고 익숙해지면서 차츰 어려운 것도 알아들을 수 있게 해야 한다. 그런 의미에서 오바마 대통령의 연설은 듣기 연습을 하는 데 굉장히 좋은 자료다. YouTube에서 골라 들을 수 있다.

We are what we learn, 2009. 9. 8

오바마 대통령이 학생들에게 한 연설이다. 우리 학생들에게도 꼭 필요한 이야기일뿐더러 대통령이 학생들에게 이런 이야기를 해주는 모습이 참 인상적이다.

듣고 읽는 것을 따라 하기 어려운 사람은 전체적으로 한 번 보고 나서 자막을 설정하여 다시 보면서 필요할 때 정지시켜서 읽고 모르는 단어는 확인하면서 보면 된다.

속도를 도저히 따라갈 수 없는 사람은 설정에서 재생속도를 0.75로 조정해서 들으면 훨씬 잘 들을 수 있다. 단어를 모르면 소리를 들어도 의미를 알 수가 없다. 그런데 단어와 문장을 안다고 해도 그 의미를 파악하는 속도가 느리면 들리는 말을 따라갈 수가 없다. 그래서 듣기 훈련은 '두뇌의 의미 파악 속도 향상 훈련'이라고 할 수 있다. 처음에는 잘 들리지 않는 것도 반복해서 들으면 두뇌의 처리 속도가 빨라져서 들리게 되는 것이다.

영어와 자기계발을 한 방에

/

Motivational speech 듣기

    말이나 연설을 잘하려면 다른 사람의 말이나 연설을 많이 들어야 한다. 듣기 훈련을 꾸준히 해서 어느 정도의 수준에 도달한 사람은 YouTube에서 동기부여 연설(speech)을 들을 것을 권한다. Anthony Robbins, Les Brown, Jack Canfield, Brian Tracy, Brendon Burchard 등 기라성 같은 사람들의 연설 동영상을 찾아 매일 하나씩만 들어도 삶에 커다란 변화가 일어나고 영어를 더 잘해야겠다는 생각이 저절로 든다.

    아직 그런 연설을 듣는 것이 무리라고 느끼는 사람은 자막이 달린 것을 골라서 들으면 된다. 원하는 연설의 키워드나 사람 이름 또는 English subtitle을 입력하여 검색하면 영어 자막이 있는 동영상들이 나온다. 특히 자신이 현재 하고 있는 일이나 장차 하고자 하

는 일과 관련된 자료를 보면 이해도 쉽고 공부도 되고 영어 향상에
도 큰 도움이 된다. 일정 수준에 이르면 그런 연설을 자막 없이 들
을 수 있게 되고, 좀 더 나아가면 연설을 들으면서 바로 바로 따라
할 수 있게 된다. 바로 섀도잉(shadowing)이다.

이렇게 동영상을 보면서 학습할 때 중요한 것은 시간을 정해놓고
규칙적으로 봐야 한다는 것이다. 돈을 내고 학원에 등록하면 그 시
간이 되면 돈이 아까워서라도 학원에 가야 하는 것처럼, 동영상을
보면서 학습하는 것 역시 시간과 장소를 정해놓고 매일 실천하는
것이 가장 중요하다. 그래야 습관이 되기 때문이다.

매일 공부하고 연습하는 사람은 실력이 향상되고, 매일 하지 않
으면 정체되고 퇴보한다.

들어야 들린다

영어 듣기와 읽기를 한꺼번에

영어로 소통하기 위해서는 듣고, 읽고, 말하고, 쓰는 4가지 기능을 모두 잘해야 한다. 말하고 쓰는 능력을 갖추려면 먼저 듣고 읽는 데 숙달이 되어야 한다. 우리가 지금까지 배운 방식은 읽는 데 너무 많은 비중을 뒀기 때문에 나머지 기능이 너무 취약하다. 시험으로 줄을 세우는 풍토 때문에 4가지 기능을 골고루 공부하고 연습하지 못한 탓이 크다.

읽는 것도 소리를 내서 읽는 것이 아니라 눈으로 읽고 의미를 파악하는 독해에 올인했다고 해도 과언이 아니다. 그러다 보니 단어와 문법에 매달릴 수밖에 없었다. 그것이 모두 낭비라고 말할 수는 없지만 효과적인 의사소통을 위한 영어학습법이 아닌 것만은 분명하다.

눈으로 읽어서 의미를 파악할 수 있다면 거기에서 멈추지 말고 정확하게 소리 내어 읽고 그걸 알아들을 수 있는 능력을 키워야 한다. 그러면 그걸 바탕으로 말하는 능력과 쓰는 능력으로 확장해나갈 수 있다.

이것을 빙산(iceberg)에 비유할 수 있다. 빙산의 물에 잠긴 부분은 밖으로 드러난 빙산 크기의 11배라고 한다. 영어를 말하고 쓰는 능력은 물 위에 드러낸 빙산의 크기라고 할 수 있고 그 크기는 물속에 잠긴 부분이라 할 수 있는 영어를 듣고 읽는 능력이 결정한다. 밖으로 나올 수 있는 것이 크기 위해서는 밑에서 받쳐주는 부분이 커야 한다. 결국 말을 잘하고 글을 잘 쓰기 위해서는 많이 듣고 읽어야 한다는 말이다. 들을 수 없고, 이해할 수 없고, 소리 내어 읽을 수 없는 것은 말할 수도 없고 쓸 수도 없다.

읽고(reading) 쓰는(writing) 기능은 공부가 필요한 부분이지만 듣고(listening) 말하는(speaking) 기능은 연습이 필요한 기능이다. 귀와 입이 영어에 익숙해져야 한다. 그렇지 않으면 소리는 들어도 의미를 파악하지 못하고, 하고 싶은 말이 있어도 입이 제때 열리지 않는다.

영어학습에서 듣고 읽는 것을 한꺼번에 할 수 있는 좋은 방법이 있다. 바로 YouTube 동영상과 스마트폰 앱을 이용한 학습이다. YouTube에서 English listening을 검색하면 수없이 많은 동영상이 올라오는데, 거기서 자기에게 맞는 것을 골라서 보면 된다. 검색되는 콘텐츠가 너무 많아서 초보자들은 선택에 어려움을 겪을 수 있다. 늘 새로운 내용이 추가되고 각각 수준이 다르기 때문에 매일 일정하게 반복적으로 듣기 연습을 하는 데는 다소 불편한 점이 있다.

반면 스마트폰 앱에서는 자신의 수준에 맞는 내용을 선택해서 반복적으로 듣고 진도를 측정해볼 수 있는 장점이 있다. 그래서 일정한 수준에 이르기까지는 스마트폰 앱을 이용하는 것이 더 좋다. 한편 스마트폰 앱으로 연습하는 것은 자칫 지루해질 수 있기 때문에 때로는 YouTube에서 재미있고 유익한 콘텐츠를 골라 보는 것도 좋을 것이다.

동영상이든 앱이든 들으면서 동시에 텍스트를 따라 읽는 연습을 하면 정확한 발음을 귀에 익히고 입으로 읽는 훈련이 되기 때문에 직청직해, 직독직해 능력을 획기적으로 끌어올릴 수 있다. 여기서 직해라는 것은 영어를 우리말로 해석한다는 의미가 아니다. 영어를 들으면서 영어로 이해하고 영어를 읽으면서 영어로 의미를 이해하는 것이다. 처음에는 쉽지 않지만 차츰 익숙해지면 그렇게 된다. 아니, 반드시 그렇게 되어야 한다.

Just do it, every single day.

- 8 -

느려도
괜찮다

말 잘하는 법 & 말보다 더 중요한 것들

울렁증이 있는 그대에게

당신의 삶과 일이 가장 좋은 화제

내가 가장 자신 있게 말할 수 있는 것은 무엇일까? 나 자신에 관한 것과 나와 관련된 사람들의 일이다. 여기서 '나'는 나의 현재, 과거, 미래 모두를 포함한다. 나와 나의 일을 단어와 문장으로 표현하고 그 단어들에 숨을 불어넣는 것이 스토리다. 각각의 단어와 문장은 사실이나 현상을 나타내는데, 거기에 나의 느낌과 의미와 가치를 부여하고 해석이 더해지면 스토리가 되어 단어가 생명을 얻게 된다.

미국에서 대중 연설(public speaking)에 어려움을 겪는 사람들에게 스피치에 대한 자신감을 길러주는 비영리 스피치 훈련 클럽인 Toastmaster's Club International이 있다. 회원이 되어 가장 먼저 하는 스피치를 Icebreaker라고 하는데, 이는 어색함을 누그러뜨리기 위한 말이나 행동(icebreaker)으로 자기소개를 하는 것이다. 대중 앞에서 말하는 것을 굉장히 어려워하는 사람들이 하기에 가장 편한 이야기는 자기 이야기이기 때문이다.

5분 내지 7분 동안 자신의 성장 과정이나 고향, 학교 시절, 가정과 가족, 친구, 직장생활 등을 소개하면서 자신의 가치관이나 신념, 취미 등을 밝힌다. 이런 것들은 어떤 사람들과도 공유할 수 있는 공통적인 것들이기 때문에 자연스럽게 말할 수 있고 듣는 사람도 재미있게 들을 수 있다.

우리는 스피치라고 하면 너무 어렵게 생각하고 부담을 갖게 되는데, 일상에서 벌어지는 일들에 대한 느낌과 관점을 말하는 것이 스피치다. 그걸 가벼운 마음으로 자연스럽게 표현하는 것이 가장 잘 하는 스피치다. 이야깃거리를 멀리서 찾을 것이 아니다. 나의 생활과 일에서 일어나는 이야기들이 모두 소재가 될 수 있다.

Toastmaster's Club International

나는 유엔본부에서 근무할 때 뉴욕에 있는 Toastmaster's Club에 들어가서 말하기 연습을 했다. 대중 앞에서 말하는 것을 어려워하는 사람들을 돕기 위한 클럽이니 나에게는 더할 나위 없이 좋은 모임이었다. 격주로 한 번씩 모여서 스피치를 하고, 서로에게 긍정적인 코멘트를 해주면서 스피치 능력 향상에 많은 도움을 받았다.

5~7분짜리 스피치를 준비해서 진행하게 되는데, 시간을 재는 사람(Timer), 아, 어, 등 스피치 중에 불필요한 말(filler)을 하는 횟수를 세는 사람(Ah counter) 등을 정하고, 나머지 참석자들은 스피치를 들으면서 구성, 제스처, 목소리, 표정, 스피치의 속도 등에 대한 간략한 양식의 평가서를 작성한다. 비판적이기보다는 가능하면 긍정적 평가를 통해서 격려하는 쪽을 지향한다.

처음에 들어가면 icebreaker 스피치를 하는데, 약 5분 정도 자기소개를 포함한 간단한 스피치를 해서 자신을 알리고 서로 친해지는 계기를 만든다. 그 다음부터 하는 스피치는 매뉴얼에 따라서 자신이 원하는 주제를 선정해서 준비한다. 어떤 이야기를 할지 소재를 정하고 그에 대한 이야깃거리를 정리해서 스피치를 준비하는데, 그 과정이 영어 말하기에 굉장한 도움이 된다. 그렇게 해서 발표한 스피치는 결코 잊히지 않고, 언제든지 다시 발표할 수 있게 된다. 그래서 Toastmaster's Club은 말하는 연습을 하는 데 최고라고 생각한다.

1시간 동안 진행되는 모임에서 3~5명이 스피치를 하고 참석자들이 돌아가면서 1~2분 정도의 짧은 테이블 스피치(table speech)를 한다. '식탁에서 하는 가벼운 이야기'라는 의미로, 일상적이면서 유익한 주제를 자유롭게 골라 이야기를 나눈다. 이것 역시 짧지만 스피치를 향상시키는 유용한 방법이다.

그런 스피치를 몇 번 하고 나면 자신감이 생기고 평소에 하는 말도 많이 다듬어진다. 지금 우리나라에도 Toastmaster's Club이 들어와서 많은 사람이 참가하고 있다. 나는 개인적으로 영어학원을 다니는 것보다 훨씬 효과적인 영어 훈련 방법이라고 생각한다.

스피치를 준비해서 사람들 앞에서 발표하면서 느낀 점은, 연습하면 할수록 실력이 향상된다는 것이다. 업무에 쫓기면서 다가오는 발표시간에 맞춰 준비하느라 스트레스도 많이 받았지만, 그것은 정말 즐거운 스트레스였다. 누가 시켜서 하는 것이 아니고 스스로 선택해서 자발적으로 하는 고생이기 때문이다. 발표를 하고 나서의 기쁨은 이루 말할 수 없다.

네 이야기를 해봐

/

삶을 묘사하고 설명하는 법

묘사어(descriptive word)란 무엇일까? 왜 묘사어를 많이 알아야
한다고 할까?

우리가 하는 말은 자신을 포함한 사람, 사물, 사실을 묘사하고
설명하는 것이 상당 부분을 차지한다. 나와 다른 사람들의 내적·
외적 상태, 생각, 행동 등을 표현하고 사물과 현상을 설명하기 위
해서는 묘사어를 많이 알아야 한다. 말을 잘한다는 것은 어떤 표현
이 긍정적인 느낌을 주는지 부정적인 느낌을 주는지, 그 미묘한 의
미와 뉘앙스의 차이를 이해하고 가장 적합한 표현을 사용하는 것
이다. 글 쓰는 것도 마찬가지다.

자신이 접한 상황의 한 장면을 사진이나 영화를 본 것처럼 묘사
하는 연습을 하면 영어 말하기에 큰 도움이 된다. 사진에 보이는

배경, 사람, 사물, 상황 등을 가능한 한 정확하게 묘사하고 분위기, 느낌까지 전달해봄으로써 정확하고 구체적인 표현에 숙달할 수 있게 된다. 이런 묘사를 해보면 자신이 얼마나 상황과 사물을 대충 또는 부정확하게 보고 있는지 알게 되어 깜짝 놀라는 경우가 많다. 구체적으로 보고 세부적으로 정확하게 표현하는 연습을 꾸준히 하면 영어에 능숙해질 뿐 아니라 사물에 대한 관찰력과 판단력까지 키울 수 있다.

파티 준비는 도서관에서?

대화를 준비하고 이끌어나가는 방법

파티 계획이 잡히면 제일 먼저 해야 할 일은 무엇일까? 집안 청소? 메뉴 짜기? 카드나 화투 준비?

서양 사람들은 파티 계획이 잡히면 주부가 가장 먼저 달려가는 곳이 도서관이라고 한다. 왜 그럴까? 어떤 음식을 준비하느냐보다 무슨 이야기를 나눌지에 대해 더 신경을 쓴다는 것이다. 좋은 파티였는지 아닌지를 판가름하는 것은 그날의 음식보다는 함께 나눈 대화의 질이기 때문이다.

대통령, 장관, 대기업 CEO처럼 고위직에 있는 사람들은 대개 만나게 될 사람과 나눌 이야깃거리를 미리 준비한다(물론 대개는 비서실에서 준비한다). 유엔을 비롯한 국제기구도 마찬가지다. 그 이야깃거리를 보통 대담자료(talking points)라고 한다. 우리도 어떤 중요한 용건을 가지고 누군가를 만날 때는 그 사람과 나눌 이야깃거리를 미리 생각해서 준비해야 한다. 따로 준비하지 않고 자동으로 머리에서 나올 수 있는 말은 인사말 몇 가지 정도에 불과하기 때문이다. 우리말을 하는데도 그럴진대, 영어로 말해야 할 때는 더 많은 준비를 해야 한다. 그 준비 과정에서 영어 실력이 향상된다. 준비를 해도 막상 말을 하게 되면 무슨 말을 꺼내야 할지 눈앞이 캄캄해지기도 한다. 그러한 좌절을 딛고 조금씩 향상되는 것이다. 그런 좌절이 당연하다는 것을 인정해야 한다.

다음에 나오는 질문들은 언제 어디서나 활용할 수 있으며, 듣는 사람으로 하여금 재미있는 스토리를 풀어놓게 하는 것들이다.

1 Who is the most interesting person you ever met?
   당신이 만난 사람 중에 가장 재미있는 사람은 누구인가요?

2 Where in the world would you most like to visit?
   세상에서 가장 가보고 싶은 곳은 어디인가요?

3 What has been the most life-changing experience you've ever had?
   당신의 인생을 가장 크게 바꾸어놓은 경험은 무엇인가요?

4 What is the most spontaneous thing you've ever done?
   당신의 삶에서 가장 자발적으로 했던 일은 무엇인가요?

5 Who has had the biggest influence on your life?

당신의 삶에 가장 큰 영향을 끼친 사람은 누구인가요?

6 What dream would you most like to make a reality?

당신이 가장 이루고 싶은 꿈은 무엇인가요?

7 What is the best quality you've inherited from either of your parents?

당신의 부모님으로부터 물려받은 가장 좋은 점은 무엇인가요?

8 From which person have you learned most in your life?

당신의 삶에서 누구로부터 가장 많이 배웠나요?

9 Which historical figure do you most identify with?

당신이 가장 동일시하는 역사적 인물은 누구인가요?

10 What kind of music do you like?

어떤 음악을 좋아하시나요?

이런 질문들은 우리말로 하더라도 미리 생각을 해보지 않으면 조리 있게 답하기 쉽지 않다.

이런 질문들과 더불어 자신이 자랑스럽게 생각하는 것, 성공한 것, 실패한 것, 아픔, 기쁨, 꿈과 희망 같은 자신의 인생을 관통하는 키워드를 적어보고, 관련된 에피소드와 사건, 경험, 전환점 등의 내용을 정리해보면 그것이 좋은 스토리가 되고 언제든지 꺼내서 활용할 수 있다. 하나의 틀을 정하면 모든 이야깃거리를 그 틀에 맞추어 정리하여 응용할 수 있다.

이른바 육하원칙의 요소들을 포함하여 이야기를 정리하면 중요한 요소들이 다 포함된다. 육하원칙의 요소를 5W1H라고 하는데, who(누가), what(무엇을), when(언제), where(어디서), why(왜), how(어떻게)이다. 이렇게 이야기를 정리하면 듣는 사람이 궁금해할만한 것들이 대부분 포함된다. 우리가 상대방의 말을 들을 때도 5W1H를 생각하면서 들으면 이해도 쉽고 중간중간 질문을 하면서 재미있게 들을 수 있다.

굳이 할 필요가 없는 말들

"I can't speak Engilsh." "I don't speak English well."

외국인을 만나면 이런 말을 꼭 하는 사람들이 많다. 이런 말은 할 필요가 없다. 심지어는 앞에다 "I am sorry"까지 붙여서 "I am sorry I can't speak Engilsh"라고 하기도 한다. 굳이 그런 말을 하지 않아도 상대방은 당신의 영어 수준을 바로 파악한다. 생각해보자. 남의 나라 말이 서툰 것은 당연한 것 아닐까? 굳이 그런 말을 할 필요가 없다. 그런 말을 할 시간에 차라리 자신이 하고자 하는 말에 집중해야 한다. 그래서 막혔던 부분을 뚫고 나가면 그게 자신의 영어 실력으로 굳어지게 되는 것이다.

'솔직히 말해서'라는 말을 자주 쓰는 사람이 있다. 좋아 보이지 않는다. 우리나라 사람 가운데 영어를 할 때 Frankly speaking나 To be frank with you와 같은 말을 대화 중에 습관적으로 쓰는 경우도 있는데, 쓸 필요가 없는 말이다. 지금까지는 솔직하게 이야기하지 않았고, 이제부터 솔직하게 이야기하겠다는 뜻으로 오해받을 수도 있다. 원어민들도 간혹 그런 말을 쓰는 경우가 있는데, 좋지 않은 말버릇이다. 영어는 물론 우리말을 할 때도 삼가는 것이 좋다.

말하기는 연기다

/

명배우에게 배우는 자세

2016년의 인기 드라마 〈태양의 후예〉에는 송중기가 영어를 하는 장면이 몇 번 나온다. 발음도 좋고 자연스럽게 영어를 하는 상당한 내공의 영어 실력을 보여주었다. 이 드라마에서 한미 간 신뢰 확인을 위해 송중기(유 대위)와 싸우던 미군 대위로 함께 출연한 매튜 도우마는 "송중기가 연기나 매너도 훌륭한데 수준 높은 영어까지 구사하는 것을 보고 정말 완벽한 사람이구나 싶었다"며 송중기의 영어를 칭찬했다. 그러면 국내 대학에서 경영학을 전공한 송중기가 어떻게 원어민으로부터 수준 높은 영어를 구사한다는 평가를 받을 정도가 되었을까? 짐작하건대 배우로서 연기를 연습하듯이 끊임없이 연습하고 연습했을 것이다. 어쩌면 그것이 영어라는 사실을 잊을 정도로 대사에 몰입하여 그 상황을 온몸으로 표현하고자 한 덕분에 그런 영어가 나왔다고 생각한다. 우리가 익혀야 하는 것은 입으로 하는 영어가 아니라 온몸으로 하는 연기가 되어야 한다.

나승연 씨는 평창 동계올림픽 유치 과정에서 훌륭한 프레젠테이션으로 화제가 되었다. 많은 사람들이 그는 원래 영어를 아주 잘하기 때문에 별 무리 없이 그런 프레젠테이션을 했다고 생각한다. 하지만 그렇지 않다. 그는 그 짧은 순간을 위해서 수없이 연습하고 또 연습했다고 한다. 영어를 모국어처럼 사용하는 사람도 그렇게 연습해서 무대에 나오는데, 언어를 배우는 과정에 있는 사람들은 두말할 필요도 없다. 완벽해질 때까지 연습하고 또 연습해야 한다. 한 번 잘했다고 계속 잘할 수 있는 것도 아니다. 그때그때의 상황과 환경과 컨디션에 따라 갑작스런 말실수를 할 가능성은 항상 존재한다. 그래서 끊임없이 연습해야 한다.

이야깃거리를 준비했으면 그것을 실제 상황이라고 가정하고 연습해야 한다. 영어를 배우는 과정에서 외국인을 만나 이야기할 수 있는 기회가 있다면 더더욱 신경을 써서 준비하고 연습해야 한다. 그것을 짐이나 스트레스로 생각하기보다 자기 자신을 표현하는 기회로 활용하기 위해서 즐거운 마음으로 준비하는 것이다. 자기가 들어도 재미있고 듣는 사람에게는 유익하기까지 한 화제를 준비하는 과정에서 영어 실력이 늘게 돼 있다. 외국인을 만났을 때는 배우가 실제 연기하는 것처럼 말해보자.

말하기는 사실 연기와 일맥상통한다. 우리의 감동과 공감을 이끌어내는 명배우들은 단 한마디의 대사를 하기 위해 수십, 수백 번을 연습한다. 어떤 연기자는 수천 번을 연습한다. 정말 치열하게 연습하는 배우들은 작가가 글로 표현한 것을 뛰어넘어 더 큰 감동을 만들어낸다. 우리가 모두 영어를 그렇게까지 할 필요는 없겠지만 연습하는 자세만큼은 배우는 것이 좋다.

지금 내 영어 실력이 부족하고 발음이 어색하다고 포기해서는 안 된다. 해외에 한 번도 나간 적이 없는데도 원어민에 가까운 영어를 구사하는 사람들이 많다. 특별한 재능 덕에 그렇게 된 것이 아니다. 그들은 정말 지독하게 열심히 연습한다. 끊임없이 연습하는 것이 그들이 가진 특별한 재능이라면 재능이다.

운동이나 예술에서 사람들에게 감동을 주는 사람들의 공통점도 역시 연습에 있다. 연습하지 않고 숙달되는 기술은 없다. 그리고 연습해서 숙달되지 않는 기술도 없다. 걸리는 시간이 조금 다를 뿐이다.

연습하면 완벽해진다!

영어 향상의 터닝포인트

말보다 더 중요한 것들

언어는 강력한 의사소통 도구다. 그러나 그것이 전부는 아니다. 메시지를 효과적으로 전달하려면 언어 이외에 무엇이 필요할까?

사람은 말만 가지고 자신의 메시지를 100% 전달할 수 없다. 메시지의 전달 과정에서 말이 차지하는 비중은 7%에 불과하다는 연구 결과가 있다. 몸짓, 표정, 자세, 말투 등이 훨씬 더 많은 메시지를 전한다는 것이다. 그렇기 때문에 단지 영어 표현집을 달달 외운다고 해서 말하기를 완성할 수는 없다. 글을 읽고 다른 사람의 말을 듣고 영화나 TV 등을 보면서 언어 외적인 요소에도 관심을 가져야 한다. 그래야 그들이 전하는 메시지를 이해할 수 있고, 나도 그렇게 나의 메시지를 전달할 수 있다.

나의 표현 하나, 동작 하나, 표정 하나가 나를 세상에 드러내는

행위다. 그것을 최상의 상태로 만들기 위해 노력해야 한다. 남에게
잘 보이기 위해서가 아니라 그것이 바로 내가 삶을 대하는 자세이
기 때문이다. 사실 우리는 어떤 상황에서도 인생 최고의 명장면을
만들어 낼 수 있다. 그리고 그 과정에서 성장할 수 있다. 항상 어떻
게 내 생각을 가장 정확하게 표현할 수 있을지 생각하자. 내가 가
진 모든 것을 활용해서 최고의 영어를 만들 수 있는 방법을 생각하
자. 항상 나의 영어를 되돌아보고 어떻게 개선할 것인지를 생각하
고 고쳐 나가자.

당당한 태도도 중요하다. 이는 영어에만 해당되는 것은 아니지
만, 당당한 자세를 유지해야 더듬거리지 않고 당당하게 말할 수 있
다. 말할 때는 평소보다 크게 말하는 것이 좋다. 나 자신을 배우라
고 생각하고 가장 멋진 모습을 연출하는 것이다. 없는 것을 있는
것처럼 가장하라는 것이 아니라, 내가 보여줄 수 있는 가장 좋은
모습을 보이라는 것이다. 그런 자세를 갖춰야 목소리도 저력 있게
나오고 말에 신뢰성이 묻어나게 되어 있다.

또한 순간순간에 몰입할 수 있어야 한다. 내가 다른 사람의 말을
들을 때, 말을 할 때 100% 집중하는지 돌아보자. 그렇지 못한 순
간이 너무나 많다는 것을 알게 될 것이다. 상대가 하는 말의 행간
까지 알아듣고 나의 생각을 전하는 대화를 하기 위해서는 순간순
간 집중력이 요구된다. 집중력이 떨어지면 깊이 생각하고 고민하는
것을 회피하게 된다. 생각과 의견을 말해야 하는 상황에서 그저 "I

don't know"라고 말하고 얼버무리는 경우가 많다. 그런 순간이 진짜 영어를 향상시킬 수 있는 순간인데, "나는 모르겠다"며 물러서고 말기 때문에 영어 실력이 향상되지 않는다. 영어회화학원에서 수업을 할 때도 말을 해야 하는 순간에 적절한 표현이 생각나지 않는다고 물러서면 실력은 결코 향상되지 않는다. 폭발적인 집중력을 발휘하자. 그때가 자신의 잠재력과 순발력이 깨어나는 순간이고 커다란 자신감이 생긴다.

위험한 순간을 넘긴 사람은 여유가 생기고 어지간한 상황에서는 당황하지 않는다. 베테랑은 그렇게 태어나는 것이다.

내가 UN 인터뷰에 합격한 진짜 이유

/
차별화된 나만의 스토리를 만드는 법

취업 인터뷰는 매우 중요하다. 해외 취업도 마찬가지다. 인터뷰할 때는 자신의 장점과 성공 스토리만 이야기해야 할까? 어떻게 하면 면접관들의 마음을 움직일 수 있을까? 영어만 잘하면 될까?

인터뷰는 자신의 능력과 잠재력, 인간성 등을 두루 보여줄 수 있는 기회다. 그런 요소들을 가장 잘 보여줄 수 있는 스토리를 이야기하는 것이 가장 좋은 인터뷰 방법이다. 나는 능력이 있다고 말하는 것이 아니라, 내가 능력을 발휘해서 어떤 것을 성취했다는 스토리가 훨씬 더 설득력이 있다.

성공 스토리만 이야기해야 하는 것은 아니다. 실패했던 이야기도 잘 풀어내면 좋은 인터뷰 자료가 된다. 이때 실패한 사실만 언급하는 것이 아니라, 실패 경험을 분석하여 실패의 원인이 무엇이었고 그것을 보완해서 어떻게 더 나은 능력을 갖추게 되었으며, 앞으로 그것을 교훈 삼아 어떻게 자신을 갈고 닦아 발전해나갈지를 설명하면 된다.

내가 유엔 인터뷰를 할 때였다. 약 한 시간 동안 진행된 전화 인터뷰에서 12가지 질문을 받았다. 즉각 답변할 수 없는 질문에 대해서는 그 질문을 다시 되풀이하며 질문의 요지가 맞는지 확인했고, 인터뷰 담당자는 그렇다고 확인해주었다. 나는 내 생각을 정리해서 답변할 테니 잠시만 기다리라고 말하고, 약 1분간의 침묵이 흐르는 동안 메모를 하면서 정리해서 답변했다. 그렇게 해도 아무런 문제가 되지 않았다. 담당자는 인터뷰가 끝난 후 내게 질문이 없느냐고 물었다. 그럴 때 대부분의 사람들은 질문이 없다고 말한다는데, 나는 질문은 아니고 하고 싶은 말이 있다고 대답하고 약 2분간에 걸쳐서 이렇게 말했다.

"나는 한국전쟁이 끝나고 10년이 채 지나지 않았을 때 전쟁의 폐허 속에서 태어났다. 전쟁의 상처가 어떤 것인지, 배고픔이 얼마나 처절한 것인지를 온몸으로 느끼며 자랐다. 우리나라는 백척간두 같은 절체절명의 위기 속에서 유엔의 도움으로 살아남았고, 이후에도 수십 년 동안 국제사회의 도움으로 경제를 일으켜 세운 나라다. 나는 그런 역사와 함께 자랐고 지금 우리나라는 세계 10위권의 경제 대국으로 성장했다. 나는 이제 우리나라가 국제사회에서 어려움을 겪는 나라들을 도움으로써 우리가 받은 혜택을 갚고 있다는 사실을 자랑스럽게 생각한다. 나도 국제사회에 빚을 갚는 한 사람이 되고 싶다. 나는 어린 시절 전쟁이 얼마나 큰 상처를 주는지, 가족이 흩어져 사는 것이 얼마나 큰 아픔인지를 경험했다. 그런 나의 성장 배경은 내가 다른 사람과는 차원이 다른 마음으로 평화유지활동에 임하게 할 것이다. 내가 유엔본부에서 일할 수 있는 기회를 달라. 나를 선발한 것을 절대로 후회하지 않을 것이다."

"I was born in Korea just a few years after the cease-fire agreement of the Korean War which devastated the whole country. I experienced the cruelty of the war wounds and I remember what exactly the hunger is like. Korea was saved by the help of the United Nations at the extreme danger from the North Korea's invasion. Thanks to the help from the international community for several decades, South Korea could achieve economic development and became the 11th largest economy in the world. I grew up witnessing the history of international cooperation. I am very proud that Korea is paying the debt back to the international community and I want to participate. As I mentioned, I know what the war wounds and pains of family separations are exactly like. I am going to be serving with a great attitude reflecting my personal experience. If you would give me an opportunity to serve in the United Nations, you will never regret your selection."

　결과적으로 보았을 때, 나는 인터뷰 패널들이 나의 발음을 평가
한 것이 아니라 나의 생각과 마음을 가슴으로 듣고 평가했다고 생
각한다.

영어는 미국 사람처럼 빨리 말해야 할까?

다 알고 있는 단어도 원어민이 말하면 알아듣지 못하는 이유는 뭘까? 우리가 꼭 원어민처럼 빨리 말해야 할까? 미국 대통령들은 왜 천천히 이야기할까?

외국인과 말을 할 때 꼭 그들이 말하는 속도에 맞춰서 빨리 말해야 하는 것은 아니다. 원어민들 중에도 어떤 사람은 말을 빨리 하고 어떤 이들은 천천히 한다. 보통 사람들은 1분에 150단어 정도를 말한다고 한다. 그런데 오래전에 미국 국무부 장관을 지낸 헨리 키신저는 1분에 평균 90단어 속도로 말했다고 한다.

우리는 뉴스 기자나 앵커처럼 빨리 말하기 어렵고 그렇게 하려고 할 필요도 없다. 오히려 원어민들은 허둥대며 빨리 말하려고 안간힘을 쓰는 사람보다 천천히 또박또박 말하는 사람을 더 신뢰하고 귀를 기울여 듣는다. 하고자 하는 말의 정확한 표현이 생각나지 않으면 비슷한 단어를 쓰면서 말하거나 표현을 물어가면서 말하면 된다. 그런 침착함으로 영어를 대하고 사람들을 대하면 곧 자신감이 생기고 자신이 생각하는 것보다 훨씬 자연스럽게 말하는 자신을 발견하게 된다. 서두르지 않고 천천히 여유 있게 말하는 배짱을 기르자. 조급할 필요가 전혀 없다.

눈을 감고 말하라

/

전화 영어에 강해지는 법

당신은 영어로 원어민과 자유롭게 통화할 수 있는가? 그렇다면 당신은 이 책을 더 이상 읽을 필요가 없다.

전화 영어는 직접 만나서 나누는 대화에 비해 어려운 점이 있다. 얼굴을 맞대고 이야기할 때는 상대의 표정이나 태도, 제스처 등에서 힌트를 얻을 수 있지만 전화로 이야기할 때는 오직 언어에 의존할 수밖에 없기 때문이다. 그래서 직접 만나서 이야기할 때보다 훨씬 더 집중해서 들어야 한다.

외국인과 접촉하는 부서에 근무하는 경우 전화 통화가 필요할 때가 자주 있는데, 전화 영어에 익숙하지 않은 경우에는 전화벨 소리만 들려도 깜짝 놀라게 된다. 하지만 전화 통화에 필요한 기본적인 표현 몇 가지를 알아두고 간단한 요령을 익혀두면 훨씬 편하게 전화를 받을 수 있다.

외국인들이 회사나 이름을 말할 때는 한 번에 바로 알아듣기가 어렵다. 그것은 외국인들도 마찬가지로 어려워하는 부분이다. 그렇더라도 당황하지 말고 침착하게 상대가 누군지 물어보면 된다. May I have your name again, please?라고 묻고 상대방이 다시 말해주면 메모를 해둔다.

전화 대화를 하면서 메모를 하는 것은 듣기 능력이 뛰어난 사람에게도 꼭 필요하다. 중요한 포인트의 키워드 위주로 메모를 하되, 특히 숫자는 메모가 필요하다. 정확하게 알아들었다고 해도 이야기를 하다 보면 잊어버리기 쉽기 때문이다.

전화로 대화할 때는 눈을 감고 통화하면 대화 내용에 집중하기 쉽다. 눈을 감으면 오로지 귀에 들리는 소리에만 집중할 수 있어서 다른 것들로 인해 주의가 흐트러지는 것을 막을 수 있다. 또한 들으면서 상대의 말을 이미지로 떠올릴 수 있기 때문에 기억하기도 쉽다.

영어에도 존댓말이 있다

교양 있는 영어 표현

미국 유학 시절, 소령인 여학생이 질문을 하려고 손을 들자 중령인 교관이 "Yes, ma'am" 하고 응대하는 것을 본 적이 있다. 상급자인 중령이 반드시 그렇게 존칭을 할 필요는 없지만 질문하는 학생을 존중하는 마음에서 그렇게 표현한 것이다(영어의 madam은 존칭인데 이 말이 우리나라에 와서 왜 이상한 뜻으로 변질됐는지 모르겠다).

영어에는 존댓말이 없어서 어떻게 말해도 상관없을 거라고 생각하기 쉽지만 영어에도 예의를 차린 말이 있다. 그래서 아주 격의 없는 사이가 아니면 되도록 예의 바른 표현을 쓰는 것이 좋다. 다음과 같이 예의 바르고 품위 있게 말하는 방법을 익혀두면 필요할 때 품격 있게 대응할 수 있다.

첫째, 반대 의견이 있어도 직접적으로 "I disagree"라고 말하지 않는다.

아, 그렇군요. 하지만 저는 _____라고 생각합니다. Yes, but I think _____.

무슨 말씀인지 알겠습니다. 하지만 _____. I see what you mean, but _____.

둘째, 가능하면 부정적인 말은 피하고 긍정적으로 표현한다.

예를 들어 "I think that's a bad idea(그건 나쁜 아이디어다)"라고 하지 말고 "I don't think that's such a good idea(그건 좋은 아이디어라고 생각하지 않는다)"라고 말하는 편이 훨씬 예의 바르게 들린다.

셋째, 매직워드 Sorry를 사용한다.

Sorry는 사과할 때 주로 쓰지만, 말할 때 끼어들거나 못 알아들었을 때, 반대 의견을 말할 때 등에도 쓸 수 있어서 예의를 차리는 매직워드라고 부른다. 즉, 긴장을 늦춰줘서 말을 시작할 때 편하게 할 수 있게 해주는 말이다.

Sorry, but can I just say something here? 미안한데, 여기서 한마디 해도 될까요?

Sorry, but I don't really agree. 미안하지만 딱히 동의하지 않습니다.

Sorry, but I think that's out of the question. 미안하지만 저는 그

건 논의의 여지가 없다고 생각합니다.

넷째, You message가 아닌 I message로 말한다.

You message는 상대에게 손가락질을 하면서 "너 때문이야"라고 탓하는 것 같은 느낌을 준다. "You don't understand me(당신은 내 말을 이해하지 못하고 있어)"보다는 "Perhaps I'm not making myself clear(아마 제가 말을 명확하게 하지 못한 것 같군요)"라고 말한다. 또 "You didn't explain this point(당신은 이 점을 설명하지 않았어요)"라고 하기보다는 "I didn't understand this point(저는 이 점을 이해하지 못했습니다)"라고 말하는 것이 더 예의 바르고 상대를 불쾌하게 하지 않는 표현이다. 가격을 가지고 협상을 할 때도 "You need to give us a better price(당신은 좀 더 좋은 가격으로 주어야 해요)"라고 말하기보다는 "We're looking for a better price(우리는 좀 더 나은 가격을 기대합니다)"라고 말하는 것이 훨씬 부드럽고 예의 바르게 들린다.

다섯째, 질문할 때 can과 could, will과 would의 사용이다. 의문문에서 can you _____는 '너 _____할 수 있니?'의 의미로, 부탁이 아니라 가능한지 불가능한지를 묻는 질문이 된다. 그런데 부탁을 할 때 쓰면 무례한 말이 된다. 예를 들어 "Can you do me a favor?"라고 하면 "야, 부탁 하나 해도 되냐?"처럼 무례하게 들릴 수 있다. 반면 "Could you do me a favor?"라고 하면 "부탁 하나 드려도 될까요?" 하는 정중한 어감의 표현이다.

Will you _____는 친한 사이에 격의 없이 말할 때 사용한다. "Will you pass me the salt?"는 "소금 좀 줄래?" 하는 말이고 Would you _____는 정중하게 부탁할 때 사용한다. "Would you pass me the salt?" 하면 "소금 좀 주시겠습니까?" 하는 정도의 예의를 갖춰서 하는 말이 된다.

한승주 전 외무장관의 회고록 〈외교의 길〉에는 노무현 대통령 취임 후 조지 부시 전 미국 대통령(당시 미국 대통령이던 조지 W. 부시의 아버지)이 한국을 방문했을 때 북한핵에 대한 노 대통령의 견해를 듣고 "I don't know about that"이라고 말했다는 내용이 나온다. 이것은 글자 그대로 "그것에 대해서는 모르겠습니다"라는 뜻이 아니라 "I disagree(동의하지 않습니다)"라거나 "I don't think so(나는 그렇게 생각하지 않습니다)"라고 말하는 대신 "글쎄, 그런 것 같지는 않습니다"라고 완곡하게 응답한 것이라고 할 수 있다. 이런 식의 영어 표현을 익혀두면 훨씬 예의 바르고 품격 있는 영어를 구사할 수 있게 되고 상대에게 좋은 인상을 준다.

마지막 관문
통과하기

영어로 글쓰기의 비결

영어는 글쓰기로 완성된다

하루 한 페이지 영어 베껴 쓰기

　영어를 듣고 말하고 읽는 것만 해도 만만치 않은 일인데 영어로 글을 쓰다니? 우리말로 글 쓰는 것도 쉽지 않은데?

　영어로 글을 쓸 일이 평생 없을 거라고 생각하는 사람은 이 장을 건너뛰어도 좋다. 그러나 앞으로 세상이 좁아질수록 영어로 글을 쓰게 될 가능성은 점점 커질 수 있다. 혹시 유학을 생각한다면 글쓰기는 매우 중요하다. 아니, 필수적이다. 이른바 선진국에서는 대학은 물론이고 고등학교에서도 책을 읽고 에세이를 쓰는 것이 일상적이기 때문이다. 우리나라처럼 대외무역 의존도가 높은 나라에서는 회사에서 영어를 사용할 기회가 생길 가능성이 크다. 바이어 만나서 말로 하면 되지 않느냐고? 물론 말도 중요하지만 계약서 체결 등의 중요한 일은 결국 글로 하게 된다. 계약 체결 이전에 조건을

협의하는 과정에서 숱한 이메일을 주고받게 되는 것은 두말할 필요가 없을 것이다.

사실 쓰기는 언어학습의 마지막 단계다. 그만큼 어렵다. 외국어인 영어를 쓰기 위해서는 말하기보다 더 어려운 훈련 과정이 필요하다. 의사소통을 할 수 있는 능력을 갖춘 후에 쓰기를 연습하는 것이 정상적인 과정이지만, 장기적으로 볼 때 미리 쓰기 훈련을 한다면 훨씬 빠르게 실력을 향상시킬 수 있을 뿐만 아니라 거꾸로 읽기와 말하기에도 도움이 된다.

좋은 영어 문장을 쓸 수 있으려면 우선 많이 읽어야 한다. 읽으면서 발견하는 좋은 문장을 따로 적어놓으면 필요할 때 사용할 수 있고, 그것을 베껴 쓰는 과정에서 내용을 체득하게 된다. 그래서 글쓰기 훈련의 최고봉은 필사라고 말한다. 우리나라의 유명한 작가들이 글쓰기 강좌에서 가장 강조하는 것도 필사다. 소설가인 조정래 씨도 며느리에게 자신의 작품인 〈태백산맥〉을 모조리 필사시켰다고 하지 않는가. 자신이 얼마나 각고의 노력을 통해 작품을 완성시켰는지를 알려주기 위해 그렇게 했다고 하지만, 아마도 그 며느리는 필사를 하면서 쓰기 능력을 엄청나게 향상시켰을 것이다.

베껴 쓰는 것을 영어로는 transcribing이라고 한다. 필사는 손으로 쓰는 것으로 시작되었지만, 지금은 보통 타이핑을 해서 컴퓨터에 입력한다. 베껴 쓰기 위해서는 눈으로 읽어야 하고 손가락을 움직여야 한다. 눈으로 읽고 손으로 쓰는 과정에서 몸과 뇌가 함께 작동하기 때문에 기억이 오래 남는다. 그래서 글을 써보는 것은 암기 효과가 크다. 심득(心得)을 넘어 몸으로 익히는 체득(體得)까지 되기 때문이다.

영어 일기를 쓰는 것도 좋은 글쓰기 훈련 방법이다. 하지만 처음부터 영어로 일기를 쓰는 것은 무척 어려운 일이다. 한글로 일기를 쓰는 것도 어려운데, 영어로 쓴다는 것은 더욱 어렵다. 영어 일기를 쓰는 것이 어렵다면 자신의 글이 아니라 남들이 써놓은 훌륭한 문장을 베껴 쓰는 것도 좋은 방법이다. 매일 한 페이지라도 베껴 쓰는 습관을 들이게 되면 한 달도 지나지 않아 글쓰기가 수월해지는 것을 느끼게 된다. 영어 자판도 모두 외우게 되어 쓰는 것이 더욱 자연스러워질 것이다. 베껴 쓰면서 만나게 되는 모르는 단어는 글자에 색깔을 넣거나 서체를 바꾸거나 밑줄을 그어서 눈에 띄게 하고, 사전을 찾아서 뜻을 작게 달아놓는 것도 좋다. 그러면 다음에 볼 때 모르는 단어를 다시 점검하면서 학습하는 데 도움이 된다.

타이핑, 우습게 보지 마라

/

영어와 친해지는 법

요즈음에는 자판을 보지 않고 타이핑을 하는 사람들이 대부분이다. 그런데 영어 자판을 모두 기억하고 있는 사람들은 그렇게 많지 않은 것 같다.

나는 영어 자판을 외우는 것이 영어와 친숙해지는 데 매우 중요하다고 생각한다. 우리가 컴퓨터로 영어사전을 찾아볼 때도 수시로 자판을 두드려야 하는데 자판을 모르면 여간 불편한 것이 아니다. 영어와 관련된 것을 Google이나 YouTube에서 검색할 때도 영어 자판을 쳐야 하는데 그걸 모르면 매번 불편을 겪어야 한다.

부끄러운 일이지만 나는 1994년에 컴퓨터를 처음 배울 때 한글 자판도 몰랐다. 야전군인으로 생활하면서 키보드를 만질 기회가 없었던 터라 처음에는 양팔을 오므리고 자판 앞에 앉아 있는 것만도 고역이었다. 한 달쯤 연습하고 나니 어깨와 등이 쑤시고 심지어는 팔이 잘 돌아가지 않아서 결국엔 한의원에 가서 침을 맞고 치료까지 받았다. 그 힘든 야전 훈련도 해냈는데 그깟 타자 연습 때문에 병원 신세를 지다니, 쓴웃음이 흘러나왔다.

그렇게 열심히 타자를 연습한 결과 몇 개월 만에 자판을 보지 않고 한타와 영타를 300타까지 치게 되었다. 그 뒤로는 함께 근무하는 미군 장교들이나 유엔에서 같이 근무한 외국인들 중에도 나만큼 타자를 치는 사람이 많지 않았다.

영어 자판에 익숙하면 Google 또는 YouTube 검색을 할 때도 훨씬 편하다. 또한 장차 영어로 업무를 하기 위해서는 반드시 영어 타이핑에 능숙해져야 한다. 따로 시간을 내서 자판을 외울 것이 아니라 공부하다가 졸리고 힘들 때 쉬면서 타이핑 연습을 하고 좋을 글을 옮겨 쓰는 등의 간단한 활동으로 영어를 친숙하게 만들 수 있다.

영어 자판을 외우는 것은 단순한 기능 하나를 익히는 것 이상이다. 영어가 자신의 일부가 되는 느낌이고 불편함이 없어지므로 영어를 편하게 대할 수 있게 된다.

영어 자판은 영어의 세계로 내가 직접 걸어 들어가는 문이다. 자판을 자유롭게 쓸 수 있도록 한 번 연습해놓으면 그것이 평생 유지된다. 영어 타이핑, 우습게 보지 말자.

매일 쓰기가 어려운가?

/

일기와 에세이 쓰기

일기는 누구나 쓸 수 있지만 매일 쓰는 사람은 많지 않다. 그래서 세월이 지나면 일기를 계속 써온 사람과 그렇지 않은 사람은 엄청난 필력(筆力)의 차이를 보이게 된다. 글을 쓰는 능력은 단시간에 배울 수 없는 것이기 때문이다. 정말 영어로 글을 잘 쓰고 싶은 사람은 영어로 일기를 써야 한다. 간단한 나의 생각조차 쓰지 못하는 사람이 더 복잡하고 어려운 글을 쓴다는 것은 어불성설이기 때문이다.

일기는 처음부터 욕심을 내서 많이 쓰려고 할 것이 아니라 조금씩이라도 쉽고 간단하게 쓰는 것에서 출발해야 한다. 그 단계에서 더 어려운 글쓰기 단계로 나아가는 것이다. 그날의 느낌이나 사건을 나타내는 한 단어를 써보는 것도 좋다. 키워드를 하나 찾아내는 것도 글쓰기이고 글감을 찾는 일이다.

우리나라에서 에세이는 문학의 한 형태로, '형식에 얽매이지 않고 듣고 본 것, 체험한 것, 느낀 것을 생각나는 대로 쓰는 산문 형식의 짤막한 글'을 의미한다. 하지만 영어에서 에세이(essay)는 흔히 어떤 일이나 사물, 현상 등에 대한 분석(analysis)과 해석(interpretation)을 형식에 맞추어 쓰는 글로, 통상 고등학교나 대학교에서 쓰는 학문적이고 논리적인 글을 가리킨다. 이런 에세이는 통상 5개의 문단으로 이루어지는데, 첫 번째 문단은 서론으로 논지를 소개하고, 본문의 세 문단은 논지를 분석하고 종합하여 의견을 제시하고, 마지막 문단은 결론으로 끝맺는다. 이런 형태의 글을 쓰는 것은 관점, 분석 능력, 논리적 사고, 지식, 언어 구사 능력 등을 종합적으로 나타내는 것이기 때문에 고도의 훈련이 필요하다. 전 세계 모든 대학과 연구기관에서 가장 중요하게 평가하는 능력이 바로 글쓰기 능력이다. 세상은 말로 돌아가는 것이 아니라 글로 돌아간다.

- 10 -

교과서가
전부가 아니다

영화·소설·앱 등 다양한 영어교재 활용법

답은 앱이 알려줄 거야

영어공부에 도움이 되는 스마트폰 앱

English Conversation

 일상생활에서 부딪히는 다양한 상황에서 사용하는 영어회화를 숙달할 수 있는 앱이다. 여행과 휴가 (Trips & Vacations), 식사 관련 주제(Eating related Topics), 가족과 친구(Family & Friends), 아이(Talking about Kids), 일상생활(Daily Life), 스포츠 및 음악(Sports, Music, Events), 미국 휴일(US Holidays), 자연(Nature), 학교(School), 쇼핑, 특별한 날 (Special Days), 일(Work Related) 등의 주제로 분류하여 각 주제별로 다양한 상황에서 사용되는 회화를 학습할 수 있다.

대화를 듣고 그 대화에 대한 퀴즈로 이해 정도를 확인할 수 있고, 대화의 역할을 바꾸어가며 연습할 수 있으며, 연습하는 대화를 녹음하여 들어볼 수 있다.

이 앱으로 자신에게 맞는 양의 연습을 매일 규칙적으로 실천하면 듣기 말하기 수준을 획기적으로 향상시킬 수 있다.

SCAN News

 신문·잡지, TV, 라디오 등 3가지 섹션으로 구성되어 있다. 항상 새로운 읽을거리가 풍부하고 동영상으로 볼 수 있는 자료들이 많아 관심 있는 분야의 자료를 마음껏 활용할 수 있다.

Dictionary

 온라인사전인 Dictionary.com의 모바일 앱으로 단어의 정의뿐만 아니라 예문까지 잘 나와 있으며 유의어사전(Thesaurus), 좀 더 깊이 있게 공부할 수 있는 Learners, 단어의 기원을 설명해놓은 Origin, 단어와 관련된 문법을 설명해놓은 Grammar가 함께 있어서 보다 심층적인 학습이 가능하다.

UN News

 UN News 앱에는 유엔과 관련된 모든 뉴스가 망라되어 있다. 가장 먼저 유엔의 Top Stories가 나오고 이어서 건강 및 기아, 유엔 업무, 인권, 인도주의 지원 및 난민, 환경, 문화 및 교육, 경제개발, 여성과 아동, 평화 및 안보, 중동, 아프리카, 유럽 아메리카, 아시아태평양 등 분야별 뉴스가 실린다. 또한 유엔에 대한 기본적인 정보(Basic Facts about the United Nations)와 유엔에서 제작한 각종 멀티미디어와 유엔 라디오 등이 있다. 또한 여기서 유엔의 공식 뉴스 사이트인 UN News Centre로 가서 보다 세부적인 사항을 볼 수 있다.

WikiHow

 어떤 문제를 해결하거나 기술을 익히는 방법과 노하우를 제공해주는 앱이다. 예를 들어 'How to learn English?'를 입력하면 How to learn English effectively and achieve fluency, How to learn English faster 등 영어를 배우는 방법에 관한 글들이 수없이 많이 나온다. 그중에서 나에게 가장 적합한 것을 골라서 읽으면 된다. 글을 모두 보고 나면 Community Q&A가 있는데 나와 비슷한 의문을 갖거나 어려움을 겪는 다른 사람들이 올리는 질문과 WikiHow의 답변을 읽을 수 있다. 예를 들면 '나는 문법이 어려운데 어떻게 하면 좋은가?', '금방 배운 단어도 자꾸 잊어버리는데 어떻게 해야 하는가?', '말하기 능력을 향상하고 싶은데 좋은 방법이 무엇인가?' 등의 질문과 그 질문에 대해 간단하고 핵심적으로 정리해준 답변을 볼 수 있다.

구글 번역기(Google Translate)

 구글 번역기는 전 세계의 주요 언어를 모두 번역할 수 있는데, 이를 영어학습에 활용할 수 있다. 입력 창에서 '한글을 영어로' 또는 '영어를 한글로'를 선택해서 입력할 수 있고 카메라 기능을 이용해서 번역할 수도 있으며 손글씨(handwriting)로도 입력할 수 있는데, 가장 중요한 것은 음성인식 기능을 이용하여 말하는 연습을 할 수 있다는 것이다. 마이크 표시(🎤)를 클릭하고 말을 하면 통역이 영어 음성으로 나온다. 또 영어로 말하면 우리말 통역이 나온다. 이때 정확하게 발음하지 않거나 너무 빨리 하면 오역이 나오기도 하지만 완성도가 상당한 수준이며 간단한 대화 연습을 하는 데 많은 도움이 된다. 여기서 우리말을 정확하게 발음해도 통역이 잘 나오지 않으면 내가 하는 말을 어딘가 좀 더 낫게 고칠 여지가 있다는 의미가 된다. 영어뿐만 아니라 우리말을 하는 데도 좀 더 신경 써서 해야 함을 의미한다.

슈퍼팬

 국내 회사가 제작한 유료 영어학습 앱으로, 영어를 공부로 접근하는 것이 아니라 좋아하는 스타와 관련한 동영상을 찾아보며 자연스럽게 회화 표현을 체득할 수 있도록 구성되어 있다. 사용자가 선호하는 해외 스타를 선택하면 관련된 신규 콘텐츠가 나왔을 때 자동으로 추천해준다.

자막 처리된 동영상을 보면서 해설을 들을 수 있고, 받아쓰기는 물론 섀도잉도 가능하다. 영화, 애니메이션, 드라마, 뮤직 비디오, 뷰티, 패션, 토크쇼, 스포츠, 요리 등 다양한 주제의 자료가 있기 때문에 취향에 맞추어 학습할 수 있다는 것이 장점이다.

즐길 수 있어야 지속할 수 있다

/

영화를 통한 영어학습법

영화는 영어학습의 좋은 소재다. 요즘은 언제 어디서나 마음만 먹으면 영화를 볼 수 있지만 극장에 가야만 영화를 볼 수 있었던 시절에는 극장에서 같은 영화를 되풀이해보면서 영어를 배우기도 했다. 영화로 영어를 익히기 위해서는 몇 가지 신경 써야 할 점이 있다.

먼저 영화를 잘 골라야 한다. 대화다운 대화가 별로 없는 액션 위주의 폭력, 전쟁 영화는 별로 도움이 되지 않는다. 전문용어가 많아 이해하기 어려운 영화도 마찬가지다. 일상적인 표현이 많이 나오는 쉽고 재미있는 영화를 선택해서 보는 것이 좋다.

둘째, 먼저 줄거리를 파악하는 것이 중요하다. 듣기 초보의 경우에는 우리말 자막을 이용해서 영화 전체를 보면서 스토리 전개를 파악하는 것이 좋다. 그다음에는 영어 자막을 보면서 본다. 눈으로 화면과 자막을 보면서 읽고 귀로 듣기 때문에 완전히 입체 학습이고 굉장한 두뇌 훈련이다. 그런 다음에는 자막 없이 보면서 얼마나 내용을 파악할 수 있는지를 점검하면서 본다.

셋째, 즐겁게 영화를 즐긴다. 공부라고 생각하고 억지로 하면 오래 가지 못한다. 재미있게 즐길 수 있어야 지속할 수 있다. 지속하지 못하면 고비를 넘지 못해 영어가 향상되지 않는다.

내가 가장 강력하게 추천하는 영화는 〈포레스트 검프〉다. 전체적으로 대사가 그리 빠르지 않고 간단한 영어를 사용하기 때문에 영어를 배우기에 좋은 영화다.

이 영화는 영어를 배우는 원리를 그대로 담고 있다. 재능이 부족하지만 끊임없이 반복하여 숙달하는 주인공의 모습은 보는 사람을 숙연하게 할 정도다. 영어를 그런 자세로 대한다면 누구든지 영어도사가 될 수 있음은 말할 필요가 없다.

이 영화에서 가장 유명한 대사 중의 하나는 "Life is like a box of chocolates. You never know what you're gonna get(인생은 초콜릿 박스와 같다. 그 안에서 어떤 것이 나올지 모른다)"이다. 삶에 대한 호기심을 갖고 좋은 기대를 하면서 즐겁게 살아야 한다는 말이다.

영어공부에 도움이 되는 영화

토이 스토리(Toy Story)

어린이들을 위한 애니메이션으로 제작되어 스토리와 어휘가 쉬워서 영어공부에 더없이 좋다. 그런데 실제 영화를 보면 어린이들뿐만 아니라 어른들에게도 굉장한 감동과 교훈을 준다. 그래서 이런 영화를 '성인용 동화'라고도 한다.

스티브 잡스가 자신이 세운 회사인 애플에서 쫓겨난 후에 만든 픽사(Pixar)에서 제작한 영화로 이 영화의 대성공 덕에 잡스가 재기할 수 있었다.

겨울 왕국(Frozen)

디즈니에서 만든 만화영화로 역시 어린이뿐만 아니라 어른들도 재미있게 볼 수 있고 영어공부에도 큰 도움이 되는 영화다. 사실 디즈니에서 만든 거의 모든 작품은 온 가족이 함께 즐기면서 감동하고 영어도 배울 수 있는 보물들이다.

이 외에 Big Hero, Inside out, Days of Summer, The Hunger Games, The Hangover, The Social Network 등도 영어학습에 큰 도움이 되는 영화들이다.

영영사전은 시간 낭비다?

영영사전 활용법

우리는 모르는 영어 단어가 있으면 보통 영한사전을 찾는다. 영영사전을 먼저 찾는 사람은 드물다. 처음 영어를 배우는 사람이라면 어쩔 수 없이 영한사전을 볼 수밖에 없겠지만 고등학생 이상이라면 영영사전을 보는 것이 좋다.

영영사전은 대개 영어권 국가의 중학생 정도가 이해할 수 있는 단어로 설명되어 있다. 처음에는 다소 어렵다고 느낄 수도 있지만 계속해서 사용하다 보면 어휘 수준이 그리 높지 않으면서 참 쉽게 설명되어 있고 좋은 예문도 많아서 학습에 도움이 된다.

바쁘게 시험 준비 등을 할 때는 시간이 너무 많이 걸려서 영영사전을 보는 것이 비효율적인 공부법이라는 생각이 들 수 있으나 그때 걸리는 시간과 노력 자체가 영어공부에 도움이 된다. 처음에 적응하는 시간을 잘 견뎌내면 훨씬 수월하게 영어를 익힐 수 있고 시간이 갈수록 영어다운 표현들에 익숙해진다.

영어를 재미있게 공부하는 사람들은 대부분 사전 하나만 가지고도 엄청난 공부를 할 수 있다고 말한다. 사전은 영어의 보고이고 영어를 구사하는 데 필요한 엄청난 자료가 들어 있기 때문이다. 특히 단어의 정의뿐만 아니라 예문을 통해서 단어가 문장에서 어떻게 사용되는지를 익힐 수 있다. 살아 있는 영어공부는 바로 예문을 익히는 것이다.

우리의 두뇌는 거대한 슈퍼컴퓨터이기 때문에 아무리 많은 정보도 잘 저장한다. 우리가 경험하고 책을 읽고 공부하는 것 하나하나는 사실 빅데이터를 구축하는 것과 같다. 그런 것들이 모두 우리를 구성하는 작은 요소들이 되어 어느 순간 그 상황에 적합한 모습으로 나오게 된다. 금방 생각이 떠오르지 않으면 없어진 것으로 생각하지만 그렇지 않다. 언젠가 필요한 순간에 튀어 나와 사용할 수 있게 되는 경우가 많다.

요즘에는 인터넷 영영사전이나 스마트폰 앱으로 단어의 발음까지 들어볼 수 있어서 예전과는 비교할 수 없을 정도로 편리해졌다. 비슷한 말을 찾아볼 수 있는 유의어사전(Thesaurus)도 함께 있기 때문에 더욱 좋다.

필자는 dictionary.com 앱을 사용하고 있는데, 단어를 검색창에 넣어서 찾을 수 있고 음성인식 기능이 있어서 말로 찾을 수도 있게 되어 있다. 사전(Dictionary) 기능에서 단어의 정의와 예문을 볼 수 있고 유의어사전(Thesaurus)에서 유사한 의미의 다른 단어들을 볼 수 있다.

예를 들어 'school'을 찾아보면 사전(Dictionary)에 school의 정의 (definition)가 나오고 활용 예문이 이탤릭체로 나온다. 유의어사전 (Thesaurus)에는 비슷한 의미의 단어들이 나온다. academy, college, institute, institution, seminary, university, class 등이 나온다. 거기서 다시 academy는 어떤 뜻이지를 알아보려면 그 단어를 클릭하여 정의와 유의어를 찾아볼 수 있다. 그러면 academy는 중등학교(secondary school) 또는 고등학교를 뜻하는데, 특별히 사립학교 또는 특정 분야의 교육과 훈련을 하는 특수학교, 예를 들어 사관학교(a military academy) 같은 것을 칭한다는 설명이 나온다. 이렇게 한 단어를 가지고도 끝없이 어휘와 지식을 확장해나갈 수 있다.

각 영어 단어를 우리말로 어떻게 표현하는지를 알아두는 것도 중요하다. 우리말에서 학교는 중학교, 고등학교, 대학교 등으로 구분되지만 모두 학교라는 말이 붙어 있어서 모두 학교임을 금방 알 수 있는데, 영어에서는 모양이나 스펠링이 전혀 달라서 관련이 있는 단어인지 알 수 없으므로 모두 따로 기억해야 하는 어려움이 있다. 우리는 그냥 대학이라고 하면 단과대학을 의미하고 대학교는 종합대학을 뜻하지만 어쨌든 대학이라는 말이 공통으로 들어가는데 반해, 영어에서는 college와 university가 다르게 쓰이므로 그냥 따로 기억하는 수밖에 없다.

나에게 맞는 인터넷 영어

영어공부에 도움이 되는 웹사이트

 VOA Learning English
http://learningenglish.voanews.com

VOA Learning English는 전 세계 영어학습자들을 위해서 비교적 쉬운 어휘를 사용한 오디오와 자막이 나오는 비디오, 읽을거리, MP3와 팟케스트 등으로 제작된 콘텐츠를 제공한다. 특히 영어의 읽는 속도를 보통 속도의 3분의 2 정도로 하여 학습자들이 부담 없이 들을 수 있다.

영어학습 콘텐츠와 함께 세계 뉴스, 과학, 의학, 교육, 경제, 비즈니스, 미국 생활, 문화 등에 관한 유용한 학습자료를 망라하여 즐거운 영어학습이 되도록 돕고 있다. 비디오와 오디오가 매우 유익하고 재미있는 내용으로 구성되어 영어 실력 향상뿐만 아니라 지식의 축적에도 크게 도움이 된다. 꾸준히 이용하면 덤으로 풍부한 상식까지 갖출 수 있다.

비디오 프로그램에는 1분 영어(English in a Minute), 영화 영어(English @ the Movies), 문법(Everyday Grammar TV), 영어학습(Learning English TV), 영어를 배우자(Let's Learn English), 뉴스 단어(News Words), 미국 사람들(People in America) 등으로 구성되어 있다.

오디오 프로그램은 미국 모자이크(American Mosaic), 미국의 국립공원(America's National Parks), 미국의 대통령(America's Presidents), 교육(Education), 이것이 미국이다(This is America) 등 더욱 다양한 주제의 내용이 대본과 함께 제공되어 듣기 능력은 물론 읽기 능력까지 크게 향상시킬 수 있다.

 **BBC Learning English**
http://www.bbc.co.uk/learningenglish/english/

BBC World Service의 한 부서인 BBC Learning English는 1943년부터 전 세계의 영어학습자들에게 오디오와 비디오, 문서로 된 영어학습 자료를 무료로 제공하고 있다.

BBC Learning English는 중하급(Lower-intermediate)부터 중

급(Intermediate), 중상급(Upper-intermediate), 상급(Toward Advanced)까지 수준별로 학습자료가 분류되어 있으며, 자신에게 필요한 영어를 선택해서 공부할 수 있는 English You Need와 자신이 원하는 방식으로 공부할 수 있는 English My Way도 있다. 이 자료는 각자 필요에 따라 처음부터 끝까지 모든 과정을 공부하거나 그렇게 할 필요가 없는 사람은 자신에게 맞는 것을 골라서 공부할 수 있도록 되어 있다.

학습 자료들은 비디오로 되어 있으며 수록된 내용의 대본을 볼 수 있다. 필요하면 대본을 보고 필요 없으면 대본 없이 자료를 공부하고 연습할 수도 있다.

워낙 자료가 방대하고 수준별로 잘 정리되어 있기 때문에 이 웹사이트에 있는 것만 잘 활용해도 영어의 정상에 이를 수 있다고 할 정도다.

 Easy World of English
http://easyworldofenglish.com/default.aspx

미국 및 세계 여러 나라에서 영어를 가르친 풍부한 경험을 가진 사람들이 쉽게 영어를 배울 수 있도록 도와주기 위해서 콘텐츠를 개발하여 무료로 제공하는 웹사이트이다. 문법, 발음, 읽기, 사진으로 보는 사전(Picture Dictionary) 등을 수록하고 있다.

문법은 수준별로 설명되어 있고 예문은 모두 들을 수 있도록 하여 듣기 연습도 가능하게 했다.

발음은 알파벳(Alphabet), 최소 대립어(Minimal pairs), 수(Numbers), T와 D 소리(T&D Sounds), 특수한 끝 발음(Special endings), 동사의 발음(Verbs)로 구분하여 정확한 발음의 원리를 설명하고 듣고 연습할 수 있도록 했다.

읽기(Reading)는 읽기와 듣기를 동시에 연습할 수 있도록 구성되어 있으며, Level 1부터 Level 3까지로 편성되어 있고 각 Level은 각각 20개의 주제에 대한 읽을거리가 있다. 그것을 들으면서 읽을 수 있고 녹음되어 있는 내용은 문장별로 반복해서 들을 수 있도록 되어 있다. 듣기와 읽기를 마치면 퀴즈를 풀어 이해 정도를 확인할 수도 있다.

사진으로 보는 사전(Picture Dictionary)은 일상생활에서 많이 접하게 되는 단어들을 47개 분야로 분류하여 사진을 넣고 소리로 들을 수 있도록 제작되었다. 이는 이미지를 보고 발음을 들을 수 있도록 함으로써 어휘의 이미지와 발음을 동시에 기억할 수 있게 도와준다.

KHANACADEMY　Khan Academy
www.khanacademy.org

　칸 아카데미는 2008년 설립된 비영리단체다. 방글라데시 출신 미국인인 살만 칸은 MIT 졸업생으로 미국 보스톤에서 헤지펀드 분석가로 일하던 중 12살이던 사촌동생의 수학 공부를 돕기 위해 자료를 YouTube에 올려주었는데 사촌의 반응이 좋았다. 특히 반복해서 볼 수 있고, 필요한 부분만 골라 볼 수 있고, 원하는 시간에 볼 수 있다는 장점 때문에 많은 사람이 시청했다. 학생과 교사 가릴 것 없이 전 세계에서 문의와 피드백이 쏟아지는 뜻밖의 반응을 목격하고 더 많은 온라인 자료를 올리기로 마음먹었고 급기야는 헤지펀드 분석가 일을 그만두고 칸 아카데미라는 조직을 만들었다. 칸 아카데미는 기업들로부터 투자와 후원을 받아 운영하면서 자료를 무료로 제공하고 있다.

　칸 아카데미는 이제 초·중·고교 수준의 수학뿐만 아니라 화학, 물리학부터 컴퓨터공학, 금융, 역사, 예술까지 각 분야로 콘텐츠의 범위를 넓혀가고 있으며 특히 개인별 맞춤 강의를 제공하는 쪽으로 발전하고 있다.

 Cousera
https://www.coursera.org/

코세라(Coursera)는 2012년 개설한 세계 최대의 온라인 공개수업 (MOOC, Massive Open Online Course) 플랫폼으로 맨체스터대학, 듀크대학, 스탠퍼드대학, 런던대학, 연세대, 브라운대, 취리히대, 칼텍, 북경대, 라이스대, 예일대, 시드니대, 존스홉킨스대 등 세계 유수의 대학들이 참여하여 각종 과목의 강의를 제공한다. Business English Basics, English for Non-Native Speakers, English for Journalism, English for Career Development, English for Effective Business Speaking 등 영어학습 강의도 많이 있다.

 잉글리시큐브
http://www.englishcube.net/

무료 온라인 영어학습 자료실로 영문법 강좌, 어휘 연습, 영어 듣기, 독해·영작, 영어공부법 등의 내용이 매우 상세하게 설명되어 있어서 초보자는 물론 중급 이상도 영어 지식을 높이는 데 도움이 되는 사이트다. 또한 추천 사이트와 영어학습법 상담도 할 수 있어 큰 도움이 되는 곳이다.

영어학습사전
http://dic.impact.pe.kr/

영한사전이면서 풍부한 예문과 다양한 표현을 볼 수 있는 좋은 사전이다. 영어사전에서 찾아보고 우리말 표현이 명확하지 않을 때 찾아보면 크게 도움이 된다.

 RepeatAfterUs
www.repeatafterus.com

온라인 도서관이며 저작권에 영향을 받지 않고 무료로 텍스트와 오디오를 다운받아 사용할 수 있다. 시, 드라마, 소설, 비소설, 동화, 명언 등 다양한 자료들이 있다.

좋은 글은 외워두자

외워둘 만한 좋은 글들

목표 설정(setting goals)

Setting goals is the first step in turning the invisible into the visible. Tony Robbins

목표를 설정하는 것은 보이지 않는 것을 보이게 하는 첫걸음이다. 힘은 집중력(concentration)에서 나오고 집중력은 명확한 목표(clear goal)에서 나온다. Goal에는 힘을 한 곳으로 모으게 하는 힘이 있다. 한 개인도 목표를 설정하면 자신의 힘을 그 목표에 집중하게 된다.

가능과 불가능

Whether you think you can or think you can't, you're right.

Henry Ford

당신이 할 수 있다고 생각하거나 할 수 없다고 생각하거나 당신의 말이 맞다.

자기 훈련

Discipline is the bridge between goals and accomplishment.
Jim Rohn

훈련은 목표와 성취 사이를 잇는 다리이다.

신념

In order to succeed, we must first believe that we can.
Nikos Kazantzakis

성공하기 위해서는 먼저 우리가 성공할 수 있다고 믿어야 한다.

준비

By failing to prepare, you are preparing to fail. Benjamin Franklin
준비에 실패함으로써 당신은 실패할 준비를 하고 있는 것이다.

변화

Change before you have to. Jack Welch
강요 당하기 전에 변화하라.

선택, 결단

I am not a product of circumstances. I am a product of my decisions. Steven Covey

나는 내 환경의 산물이 아니다. 나는 내 결심의 산물이다.

꿈과 용기

All our dream can come true if we have the courage to pursue them. Walt Disney

모든 우리의 꿈은 실현될 수 있다. 우리가 그 꿈들을 추구할 용기만 있다면.

모험

Life is either a daring adventure or nothing at all. Helen Keller

인생은 대담한 모험이거나 아무것도 아니다.

실행

Twenty years from now you will be more disappointed by the things that you didn't do than by the ones you did do. Mark Twain

지금부터 20년 후 당신은 한 일보다 하지 않은 일들을 두고 더 실망할 것이다.

배움

I am still learning. Michelangelo di Lodovico Buonarroti Simoni

나는 아직 배우고 있습니다.

오늘, 현재

Yesterday is gone. Tomorrow has not yet come. We have only today. Let us begin. Mother Teresa

어제는 지나갔고, 내일은 아직 오지 않았습니다. 우리에게는 오로지 오늘만 있습니다. 시작합시다.

도움, 봉사

We can't help everyone, but everyone can help someone.
Ronald Reagan

우리가 모든 사람을 도울 수는 없지만 누구든지 누군가를 도울 수는 있다.

도전, 시도

A person who never made a mistake never tried anything new.
Albert Einstein

전혀 실수를 하지 않은 사람은 새로운 일을 전혀 시도하지 않은 사람이다.

지성

Intelligence is the ability to adapt to change. Stephen Hawking

지성이란 변화에 적응하는 능력이다.

지적 성장

Intellectual growth should commence at birth and cease only at death. Albert Einstein

지적인 성장은 태어나면서부터 시작하여 죽을 때에만 멈춰야 한다.

휴식, 놀이

All work and no play makes Jack a dull boy. 서양속담

공부만 하고 놀지 않으면 멍청한 아이가 된다

행운

Luck is what happens when preparation meets opportunity.

Lucius Annaeus Seneca

행운이란 준비가 기회를 만날 때 주어지는 것이다.

난관 극복

What does not kill us makes us stronger. F. W. Nietzsche

나를 죽이지 않는 것은 나를 더 강하게 할 뿐이다.

태도

Attitude is a little thing that makes a big difference.
Winston Churchill

태도는 작지만 커다란 차이를 만드는 작은 무엇이다.

용기

Courage is resistance to fear, mastery of fear,
not absence of fear. Mark Twain

용기란 두려움에 대한 저항이요, 두려움을 장악하는 것이지 두려움이 없는 것이 아니다.

경험

Be brave. Take risks.
Nothing can substitute experience. Paulo Coelho

용감하라. 위험을 감수하라. 아무것도 경험을 대신할 수 없다.

미소

Let us always meet each other with smile, for the smile is the
beginning of love. Mother Teresa

우리 늘 미소로 만납시다. 왜냐하면 사랑은 미소와 함께 시작되니까요.

역경

Adversity makes men, and prosperity makes monsters. Victor Hugo

역경은 인간을 만들고 번영은 괴물을 만든다

교육

Education is the most powerful weapon which you can use to change the world. Nelson Mandela

교육은 당신이 세상을 변화시킬 수 있는 가장 강력한 무기이다.

집중

I fear not the man who has practiced 10,000 kicks once, but I fear the man who has practiced one kick 10,000 times. 이소룡

나는 만 가지 발차기를 한 번씩 연습한 사람은 무서워하지 않는다. 하지만 나는 한 가지 발차기를 만 번 연습한 사람은 무서워한다.

사고방식

Progress is impossible without change, and those who cannot change their minds cannot change anything. George Bernard Shaw

변화 없는 진전이란 없다. 자기 마음을 바꿀 수 없는 사람들은 아무 것도 바꿀 수 없다.

사랑

Love is the only force capable of transforming an enemy into friend. Martin Luther King, Jr

사랑은 적을 친구로 바꾸는 유일한 힘이다.

그러면 사랑은 무엇인가? 성경에는 다음과 같은 사랑의 정의가 나온다. New American Bible에 나오는 영문을 번역한 것이다.

Love is patient(사랑은 참을성이 있고),

love is kind(친절합니다).

It is not jealous(사랑은 시기하지 않고),

love is not pompous(잘난 체하지 않으며),

it is not inflated(과장하지 않으며),

it is not rude(무례하지 않으며),

it does not seek its own interests(자신의 이익을 추구하지 않으며),

it is not quick-tempered(쉽게 화내지 않으며),

it does not brood over injury(상처를 오랫동안 곱씹지 않으며),

it does not rejoice over wrongdoing(나쁜 행동을 즐기지 않고)

but rejoices with truth(진리(진실)와 함께 매우 기뻐합니다).

It bears all things(사랑은 모든 것을 참으며),

believes all things(모든 것을 믿으며),

hopes all things(모든 것을 희망하고),

and endures all things(모든 것을 참아냅니다).

Love never fails(사랑은 절대로 실패하지 않습니다).

또 성경에는 원수를 사랑하고 너를 박해하는 사람을 위해 기도
하라는 말도 나온다.

Love your enemies, and pray for those who persecute you.

말의 힘

You can change your world by changing your words. Remem-
ber, death and life are in the power of the tongue. Joel Osteen
당신의 말을 바꿈으로써 당신의 세상을 바꿀 수 있다. 기억하라.
죽음과 삶은 말의 힘 안에 있다.

- **11** -

피라미에서
고래로

글로벌 무대와 군에서 깨달은 것들

그들은 프로였다

미군에서 배운 것들

미군과 함께 근무해보니 한국군과는 다른 세상이었다. 내 또래의 미군 장교들은 다들 두세 번의 참전 경험과 네댓 나라에서 근무한 경험들이 있어서인지 사고의 폭이 넓고 깊이가 있었다.

그들의 프로 정신이 빛났던 것은 일과 가정을 대하는 태도에서였다. 그들은 주중에는 온전히 업무에 몰입하고 주말에는 가족과 함께 시간을 보내는 원칙을 철저히 지켰다. 그들은 일과가 시작되는 여덟 시 1분 전에 사무실에 도착하고 다섯 시가 되면 정확하게 퇴근했다. 일과 시간에는 정말 치열하게 일에만 매달렸고, 잠시도 시간을 허투루 쓰지 않았다. 계급 고하를 막론하고 누구나 마찬가지였다. 상하 간에 늘 원활한 의사소통을 이어나가는 것 또한 배울 점이었다.

그런 가운데도 체력 단련과 독서를 늘 습관처럼 챙기는 모습에는 감탄하지 않을 수 없었다. 이 모든 생활이 이미 몸에 밴 듯 항상 여유가 넘치는 것 역시 매우 인상적이었다. 그들에게서 서두르거나 너무 바빠 정신없이 허둥대는 모습은 좀처럼 찾아보기 힘들었다.

이따금 미군 장교들과 이야기하다 보면 나보다 나이 어린 친구들이 나보다 경험과 지식이 훨씬 풍부하다는 것을 느낄 수 있었다. 나 또한 임관 후에 남부럽지 않게 열심히 살아왔다고 자부했지만, 그들과 비교하면 부족한 점이 많았다. 대화를 하다 보면 금방 밑천이 드러난 적이 한두 번이 아니었다. 냉정히 돌이켜보면 임관 후 내 생각은 한반도를 벗어난 적도, 군이라는 틀을 벗어난 적도 거의 없었다.

물론 우리에게도 장점이 많다. 유엔군으로 근무하면서 느낀 점은 우리나라 사람들의 인본주의적인 자세가 매우 뛰어나다는 것이다. 유럽 출신 장교들은 겉으로 보기에는 모두 신사 같지만, 병사들을 대하는 태도를 보면 귀족이 천민을 대하는 것 같을 때가 많았다. 감시단에 파견되어 근무하는 인도와 파키스탄 병사들을 대하는 그들의 태도는 냉정하고 지극히 사무적이었다.

반면 우리 한국 장교들은 어디를 가나 현지의 병사들을 존중하고 아껴주었기 때문에 항상 평판이 좋았다. 아마도 우리 장교들의 인본주의적인 태도는 우리 민족의 특별한 DNA에서 나오는 것이 아닐까 싶다.

무엇보다 분쟁 지역에서 고통받는 사람들을 대하는 태도에서 큰 차이가 났다. 다른 나라 장교들은 매사에 주어진 임무만 수행하면 된다는 생각을 가지고 임한다. 이는 어떻게 보면 직업 정신이 매우 투철한 것 같지만, 또 어떻게 보면 공감 능력이 떨어져 보이기도 한다. 그들은 굶주림과 부상으로 고통받는 사람들을 보아도 동정심 같은 감정은 전혀 내비치지 않는다. 그들의 속까지 들여다본 것은 아니니 정확한 것은 모르겠지만, 아무런 느낌이 없어 보일 때가 많다. 하지만 우리나라 장교들은 다르다. 우리는 그들을 보면서 가족을 생각하고, 고통받던 우리 조상들을 생각한다. 그러니 그들을 대하는 태도가 따뜻해지는 건 당연하다. 우리의 진심 어린 태도에 현지 사람들은 자주 감동을 표하곤 했다.

평화유지활동에 참가하는 우리의 동명부대나 단비부대가 현지에서 '신의 손길'로 평가받는 것은 그들에게 전달되는 구호품 때문만은 아니다. 평화를 사랑하는 마음과 그들에 대한 우리의 진정성이 고스란히 전해지기 때문에 더욱 그렇다고 생각한다. 우리나라 사람들의 인류애는 앞으로 세계의 큰 모범이 되어 세상을 변화시키는 힘이 될 것으로 나는 믿는다.

지금 우리에게 필요한 마인드

/

세계를 보는 눈

세계 지도를 펼쳐놓고 우리나라를 찾아보라. 우리나라에서 만든 지도에는 우리나라가 세계의 한가운데에 있다. 우리는 우리나라를 세계의 중심으로 본다. 그러나 서양에서 만든 지도를 보면 우리나라는 지도의 맨 오른쪽 끝에 조그맣게 표시되어 있다. 그래서 서양 사람들은 자기들 시각으로 우리나라를 극동이라 부르는 것이다. 세계 지도만 봐도 세상을 보는 시각이 얼마나 다른지 알 수 있다. 이렇게 세상을 보는 눈이 다름을 인정하는 것이 글로벌 마인드의 첫걸음이다.

우리가 세상의 중심이라 믿고 중심의 역할을 자각하여 더 좋은 세상을 만들어가기 위해 선한 노력을 기울이는 것은 더없이 소중한 일이다. 그러나 그 생각에 사로잡혀 다른 나라, 다른 사람들의 존재를 인정하지 않는 것은 우물 안에서 하늘을 바라보는 것과 같다.

무엇이 글로벌 마인드인가?

세상은 넓고 정말 다양한 사람들이 각기 다른 모습으로 살고 있다. 내가 생각하는 것이 전부가 아니다. 이런 세상에서 자신의 틀 속에 갇혀서 좁은 하늘을 바라보며 산다는 것은 안타까운 일이다. 객관적으로 자신을 인식하여 확고한 자존감을 가지되, 다른 가치와 시각을 가진 타인의 존재를 존중하는 자세가 바로 글로벌 마인드이다.

우리는 지나치게 내 문제, 우리나라 문제에 골몰하는 경향이 있다. 세상 돌아가는 것을 모르고 지내는 걸 아무렇지 않게 생각하기도 한다. 하지만 지구촌에서 어떤 일이 벌어지는지 눈을 크게 뜨고 살필 필요가 있다. 나 역시 지구촌 사람이 아닌가! 그들의 일이 곧 내 일이 될 수 있다. 지금 이 순간에도 전쟁과 자연재해의 참화 속에서 신음하는 사람들이 수천만 명이라는 사실을 기억하자. 지금 이 순간, 희망이 없다고 아우성치는 우리를 보고 그들은 꿈같은 나라에 사는 사람들이라고 생각할지 모른다. 조금만 생각해보면 나도 그들을 위해 할 수 있는 일이 있을 것이다.

우리나라는 1990년까지 엄청난 해외 원조를 받았다. 1991년이 되어서야 원조를 하는 나라의 대열에 들어설 수 있었다. 과거의 은혜를 잊지 않고 갚을 줄 아는 것 또한 글로벌 마인드의 중요한 덕목이다.

나는 1960년대의 찌든 가난과 배고픔을 기억하는 세대다. 그때 우리가 살아남은 것은 우리의 처절한 노력 덕분이기도 하지만, 국제사회의 원조가 큰 몫을 했음은 부인할 수 없는 사실이다. 지금 이 순간에도 전쟁의 공포와 배고픔으로 절규하는 사람들이 지구촌 곳곳에 널려 있다. 이런 점을 기억하는 것 역시 글로벌 마인드라 할 수 있다.

요컨대 글로벌 마인드란 확고한 자기 시각을 가지고 있되, 다름을 받아들이고 다른 사람을 존중하는 마음가짐이라 정리할 수 있다. 다른 언어, 다른 문화를 가진 다양한 사람들과 소통하고 그들과 함께 일할 수 있는 마음가짐이 바로 글로벌 마인드인 것이다.

다른 나라 역사에 대해서도 관심을

해외에서 생활하는 동안 다른 나라 사람이 나보다 우리나라를 더 많이 알고 있는 것처럼 느껴져서 종종 당황스러웠던 기억이 난다. 유엔에 근무할 때도 그런 일이 있었다.

옆 부서에 우루과이 출신 장교가 있었는데, 그는 유엔군으로 중동 지역과 네팔 등지에서 근무한 경험이 있었다. 그런데 그는 우리나라와 일본에 관한 책을 많이 읽어 두 나라 간의 역사뿐만 아니라 정서에 대해서도 제대로 꿰고 있었다. 한번은 그가 내게 "2011년 3월 일본이 쓰나미로 큰 피해를 보았을 때 한국 사람들이 헌신적으로 도와준다는 뉴스를 접했다. 아직 두 나라 간 식민지 역사나 위안부 문제 등 정리되지 않은 사안이 많은데 어떻게 그럴 수 있느냐?"고 묻는 것이었다. 두 나라 간 갈등을 제대로 포착했다는 게 나로서는 무척 놀라웠다.

나는 그에게 우리 민족에게 있는 천성적인 인류애를 설명해주었다. 우리는 고통받는 사람을 그냥 지나치지 못하는 따뜻한 성품을 소유한 민족이라고 말이다. 더불어 우리는 한일 관계를 건설적이고 미래지향적으로 발전시켜나가려고 노력하고 있다고 덧붙였다. 그때 나는 그 친구의 나라인 우루과이에 대해서는 물론이고, 그 나라와 이웃 나라들과의 관계에 대해서 아는 게 하나도 없다는 사실을 깨달았다. 그리고 그것이 부끄러운 일임도 처음 깨달았다.

좁은 울타리에서 벗어나자

내가 조금씩 국제무대에서 활동하며 가장 뼈아프게 느꼈던 점은 내가 세계를 보는 눈이 너무나 좁았다는 사실이다. 서른다섯에 영어를 배우고 미8군에 갈 때까지 내 생각은 한반도를 벗어나지 못했다. 좁은 땅덩어리 안에서, 그것도 직업군인으로 살면서 오로지 전방과 후방만을 오가며 살았으니 그러는 것도 당연했다.

나름대로는 열심히 살아왔다고 자부했지만 내 생각과 삶은 너무나도 우리나라 안에 갇혀 있었다. 역사라는 틀 안에서 현재를 볼 줄 몰랐을뿐더러, 세계 전체에서 우리나라를 보는 시각을 갖지 못했고, 그럴 기회도 없었다. 우물 안 개구리처럼 살아왔기에 다른 나라와 세계적인 이슈에 대한 지식이 부족했고, 그러다 보니 나 자신을 객관적으로 보는 눈도 부족했다.

사람은 누구나 무한대의 가능성을 타고난다. 하지만 잠재력의 12% 정도를 발휘하면 천재 소리를 듣는다고 한다. 보통 사람은 10%에도 못 미치는 잠재력을 개발하고 살다가 떠난다고 하니 이 얼마나 안타까운 일인가. 엄청난 잠재력이 있으면서도 그걸 인식하지 못하고 스스로 주저앉게 만드는 가정과 학교, 그리고 사회에 우선 문제가 있지만, 그것을 원망만 하며 살 수는 없다. 결국 삶의 주인은 자기 자신이고 스스로 자신의 잠재력을 끌어내고 삶을 일으켜 세울 수밖에 없다. 그러려면 무엇보다 내가 지금까지 보고 듣고 경험한 것이 전부가 아니라는 것을 알아차려야 한다. 우리를 두텁게 감싸고 있는 고정관념과 패배 의식을 깨부수고 뛰쳐나와야 한다.

이제 우리의 시각을 세계로 돌릴 필요가 있다. 집 안에서 싸우지 말고 세계에서 세계의 인재들과 싸워야 한다. 그리고 지금 이 순간에도 절망 속에서 몸부림치는 세계 곳곳의 수많은 사람에게 시선을 돌려야 한다. 그들을 보면 내 좁은 마음이 좀 더 넓어지고 더 큰 꿈을 품을 수 있을 것이다.

경제가 어려워지고 취업도 쉽지 않다. 그렇다고 모두가 피라미처럼 살 순 없지 않은가. 세계에 진출하기 위해서는 영어가 필요한 게 사실이지만, 그보다 더 중요한 것은 깨어 있는 정신이다. 일본은 우리보다 경제력도 훨씬 강하고 국제기구에 우리와는 비교도 안 될 만큼 엄청난 분담금을 내고 있지만, 아직 유엔 사무총장을 내지는 못했다. 우리나라가 모든 면에서 최고는 아니지만 엄청난 약진을 하고 있는 것만은 분명한 사실이다. 그런 자부심으로 다시 솟아올라야 한다.

우리 안에 누워 있는 영웅을 일으켜 세우자. 독수리가 참새로 살고, 고래가 피라미로 살고, 호랑이가 염소처럼 살아서야 어디 될 말인가. 주저하지 말고 광야에 몸을 던지고 마음껏 도전하자. 온 세상이 우리의 무대다.

군사문화, 우습게 보지 마라
/
내가 군에서 배운 것들

군사문화라는 말은 우리 사회에서 대개 부정적으로 쓰인다. 그러나 군에서 배울 수 있는 것이 한두 가지가 아니다.

누구에게나 군대는 낯선 곳이다. 군대의 모든 것이 처음에는 어색하고 어려운 게 당연하다. 평생을 군인으로 사는 직업 군인들도 처음에는 다 그렇다. 내가 처음 육군사관학교에 가입교했을 때도 그랬다. 화랑대에서 기초 군사훈련을 받기 위해 군복을 입었을 때의 어색함은 지금도 잊을 수가 없다. 뻣뻣한 옷깃이 목덜미를 스칠 때마다 어찌나 신경이 곤두섰는지 모른다. 게다가 제대로 맞지도 않는 무거운 군화 때문에 하루도 발꿈치가 성할 날이 없었다. 훈련하면서 땀과 흙으로 찌든 전투복을 빨지도 못하고 그냥 먼지만 털어 입을 때는 또 얼마나 찝찝했던지! 그런 군복과 군화를 평생 착용해야 한다는 생각을 하면 마음도 얼굴도 금세 어두워지곤 했다.

그런데 신기하게도 어느 날부턴가 전투복과 전투화가 몸에 맞고 편해지기 시작했다. 좀 더 세월이 지나니 전투복이 가장 편한 옷이 되었다. 오히려 유엔에서 근무할 때 착용한 양복이 그렇게 불편하고 어색할 수가 없었다.

훈련은 어떤 것에도 쉽게 적응하게 하는 힘이 있다. 전혀 해본 적 없는 일도 훈련을 통해서 익히고 숙달되면 조건반사적으로 자연스럽게 해낼 수 있게 된다. 군 생활은 훈련이 전부라고 해도 과언이 아니다. 군대는 육체적, 정신적 훈련을 위한 최적의 장소다. 나 역시 군대에서 훈련을 통해 좋은 습관을 몸에 익혀나간 결과 나의 잠재력을 발견했고 하나씩 꿈을 이뤄나갈 수 있었다.

시간을 지배하는 자가 되다

내가 군에서 기른 좋은 습관 중 하나는 바로 철저한 시간 관리다. 군에서 임무를 수행하는 데 가장 큰 이슈는 시간에 관한 것이다. 나 역시 임무가 주어지면 가용 시간을 판단하고 이 시간을 어떻게 쓸 것인가를 항상 중요하게 고민했다. 그러다 보니 어느덧 시간에 예민한 사람이 되었고, 어떤 일이든 철저하게 계획하는 습관이 생겼다. 내 생활을 가장 많이 바꾸어놓은 것은 바로 이런 습관이었다.

군인에게 시간은 생명과도 같다. 시간을 지키지 못하는 것을 가장 큰 불명예로 여길 만큼 군에서는 시간을 강조한다. 군대는 명령으로 움직이는 조직이고, 명령에서 가장 중요한 요소 중 하나가 시간이기 때문이다.

불규칙한 생활을 하던 젊은이가 입대해서 철저히 계획된 일과를 따르는 것은 여간 힘든 일이 아니다. 시간에 쫓기고 일정의 노예가 되기 쉽다. 그러나 훈련을 통해 규칙적인 생활이 몸에 배면 어느덧 시간을 지배하는 자가 된다. 이처럼 군 시절에 몸에 밴 규칙적인 습관을 전역 후에도 버리지 않고 이어간다면 어떤 도전도 능히 성공할 수 있다.

건강한 삶을 배우다

우리 집안에는 고혈압과 당뇨라는 가족력이 있어서 우리 형제자매들은 중년을 지나면서 모두 건강에 적신호가 들어왔다. 이 가족력을 비켜간 사람은 내가 유일하다. 나는 그 이유를 직업 군인으로서 평생 체력을 단련해 건강 체질로 바뀌었기 때문으로 본다.

군인의 일과에서 빼놓을 수 없는 것이 체력 단련이다. 군에서 수행하는 임무가 기본적으로 강인한 체력을 요구하기 때문에 연중 쉬지 않고 체력을 단련한다. 군 복무 기간은 기초 체력을 다지는 더없이 중요한 기회다. 그렇게 다져진 체력은 평생 건강을 보장하는 중요한 자산이 된다. 국가적으로 보아도 젊은 청년들이 2년 정도의 군 생활을 하는 것은 건강 면에서 엄청난 자산이 될 수 있다.

젊을 때는 대부분 건강하고 체력이 좋기 때문에 규칙적인 생활을 소홀히 여기기가 쉽다. 그러나 젊어서 체력에 투자하지 않은 사람들은 중년에 이르면 각종 성인병으로 어려움을 겪기 마련이다. 젊은 시절의 단련이 오십 대 이후의 건강을 좌우한다고 해도 지나친 말이 아닌 이유다.

즐기며 일하는 법을 배우다

군대의 일이라는 게 개인보다는 집단이 우선이다. 군대 일이 자기 취향에 맞는 사람이 몇이나 될까? 나 역시 태생적으로 개인적인 성향이 강한 사람인지라 군대의 규율에 적응하기가 그리 쉬운 편은 아니었다. 그러나 하기 싫은 일을 감내해야 하는 것이 비단 군대만은 아닐 것이다. 어느 조직이든 개인의 선호보다는 집단의 이익을 우선시하는 게 당연지사다. 그러므로 조직 생활에서 중요한 건 불가피하게 해야 할 일을 어떤 태도로 처리하느냐이다. 그것이 조직 생활의 성패를 좌우한다.

그런 면에서도 군은 좋은 훈련의 장이다. 하기 싫은 일이 있다고 마냥 피할 수만은 없는 게 군 생활이기 때문에 어떻게든 적응하고 해나가야 한다. 그렇다고 매사에 억지로 꾸역꾸역 감내해야 한다면 그만한 고역이 또 어디 있을까? 그렇게 일할 경우, 성취감은커녕 몸과 마음이 점점 황량해질 뿐이다.

나는 내 취향은 아니지만 불가피하게 처리해야 할 일을 맞닥뜨릴

때면 즐겁고 기쁜 마음으로 하자는 주문을 나 자신에게 걸곤 한다. 그렇게 자주 반복하면 어떤 힘든 일을 해도 고달프다는 생각이 안 들 뿐만 아니라, 성과도 늘 좋게 나타난다. 게다가 함께한 동료들과도 좋은 분위기를 조성하게 되어 몸도 마음도 늘 즐거울 수 있다.

세상에는 하기 싫지만 피할 수 없는 일들이 생각보다 많다. 어쩌면 그런 일을 대하는 태도가 힘든 세상을 이겨나가는 성공 비결 가운데 하나인지도 모른다. 피할 수 없는 일을 잘 해내는 것을 뛰어넘어 즐길 줄 아는 사람이라면 세상 어디를 가도 환영받을 것이다. 군대는 그런 훈련을 하는 최고의 장이라고 할 수 있다.

모든 게으름과 영영 이별하다

군에서 절대 용납되지 않는 것이 있다면 그건 바로 게으름이다. 엄밀히 말하면, 행동의 게으름이다. 군에서 늦잠을 잔다거나 훈련에 늦는 것은 있을 수 없는 행동이다. 최선을 다하지는 않더라도 최소한의 행동만은 반드시 해야 하는 곳이 바로 군이다. 나 역시 군 생활을 하면서 군의 이런 속성에 비교적 빨리 적응했고, 행동의 게으름에 대해서는 일찌감치 졸업했다고 말할 수 있다.

그러나 군은 보이지 않은 게으름이 만연한 곳이기도 하다. 군에서 문제가 되는 게으름은 바로 생각의 게으름이다. 생각의 게으름이란 군인은 시키는 대로만 하면 된다고 생각하는 것에서 출발하는 적당주의를 말한다. 이는 명령과 복종의 시스템이 만들어내는 가장 위험한 현상이기도 하다. 큰 틀에서 벗어나지 않고 엄청난 말썽을 일으키지만 않으면 생존할 수 있다고 생각하며 적당히 살아가는 행태, 그것이 바로 생각의 게으름이자 군에서 생길 수 있는 가장 나쁜 습관이다.

병사들은 겉으로 드러난 규율에만 집착하는 경향이 있다. 그러다 보니 이들에게서 주인 의식은 거의 찾아볼 수 없다. 대부분 그저 시키는 대로 하다가 전역하면 그만이라고 생각한다. 하루하루 날짜를 헤아리며 전역할 날만 손꼽아 기다리는 병사가 얼마나 많은가. 이는 무엇보다 군에 이런 풍토를 심어놓은 군 간부들이 반성해야 할 일이라고 생각한다. 그러나 그 피해는 고스란히 개인에게 돌아감을 잊지 말아야 한다. 정신적 게으름과 타성에 젖어서 시간을 보내는 습관이 사회에 나가서 고쳐진다는 보장이 있겠는가? 자기도 모르게 군에서 나쁜 습관을 배운다면 개인에게도 사회에도 좋을 게 없다.

어려운 군 생활 가운데서도 자신을 바로 세우고 주도적인 삶을 살아가는 습관을 길러야 진정으로 강한 사람이 될 수 있다. 그런 사람만이 국가와 인류를 위해서 헌신하는 참 군인, 참 자아가 될 수 있다.

안 된다고 생각하면 안 된다. 그러나 된다고 믿고 부딪치면 길이 보이고 또 길을 만들어낼 수 있게 된다.

군에서 영어를 익히자

글로벌 무대에서 소통하는 영어는 머리를 싸매고 공부해야 하는 학문이 아니라 생활 속에서 지속적인 훈련으로 체득해야 하는 기술이다. 이 훈련을 할 수 있는 가장 좋은 곳이 군대다. 병사들이 군복무를 하는 2년에 가까운 기간 동안 하루 1시간씩만 영어 듣기와 말하기를 연습하면 글로벌 무대 어디서도 활동할 수 있는 영어 실력을 갖출 수 있다. 아침저녁으로 30분씩 일과표에 반영하면 된다. 추가적인 투자를 하지 않고도 국군방송, 국방TV, 국방일보, 국방인트라넷을 이용하여 장병 모두가 학습할 수 있다. 그렇게 되면 군대가 국가 경쟁력 향상에 크게 기여하여 더욱 국민의 사랑을 받는 군대로 발전하고 장병들의 적극적인 군 복무 풍토 조성에도 큰 도움이 될 것이다.

영어는 차별하지 않는다

근래에 흙수저, 금수저 이야기가 자주 들린다. 사법시험 폐지를 놓고 계층 상승의 사다리를 없앤 것 아니냐는 비판이 제기되기도 한다. 개천에서 용 나기가 힘들어졌다는 이야기인데, 어쨌든 법학전문대학원에서 공부하려면 상당한 비용이 드는 것은 사실이다.

부모의 경제력에 따라서 자녀의 영어 실력이 달라지고, 결국 영어 실력 차이로 인해 사회적·경제적 격차가 커진다는 주장도 있다. 오죽하면 '영어 양극화(English Divide)'라는 말이 나왔겠는가.

그러나 필자의 견해는 다르다. 영어는 사람을 차별하지 않는다. 누구나 할 수 있다. 미국에서는 거지도 한다. 성별, 나이, 재산, 학력과 무관하다.

일반적으로 우리나라에서 음악이나 미술은 돈이 없으면 계속하기 어렵지만 영어는 누구나 공짜로 배울 수 있다. 수학은 머리가,

운동은 몸이 안 따라주면 못하지만 영어는 한국말을 할 수 있는 두뇌와 체력의 소유자라면 누구나 할 수 있다.

학원 다닐 돈이 없다? 스마트폰만 있으면 세계 최고 수준의 명강의를 얼마든지, 공짜로, 내가 시간 날 때 언제든, 무한 반복해서 들을 수 있다. 강사가 말하는 속도까지 조절할 수 있다. 스마트폰이 없다? 인터넷에 연결된 컴퓨터만 있으면 된다. 컴퓨터도 없다? 집 가까운 도서관에 가면 공짜로 쓸 수 있다.

자, 열심히 노력한 결과 당신의 영어 수준이 상당히 향상되었다. 이제는 어떻게 해야 할까?

나는 지금도 오디오북으로 된 자기계발서를 매일 듣는다. 주미 대사를 지낸 한승주 전 외무부 장관과 홍석현 전 중앙일보 회장은 80과 70을 바라보는 나이에도 영어를 손에서 놓지 않는다고 한다. 두 사람 모두 미국에서 박사 학위를 받았고 원어민보다 더 훌륭한 영어를 구사하기로 정평이 나 있는데도 왜 꾸준히 영어를 갈고 닦는 것일까?

언어는 다른 기술과 마찬가지로 꾸준히 연마하지 않으면 바로 퇴보한다는 사실을 이들은 잘 알고 있기 때문이다.

'학문은 물을 거슬러 올라가는 배와 같아서 앞으로 나아가지 않으면 퇴보한다.'

Success is never permanent, and failure is never final.

Mike Ditka